はじめに

# トヨタの「仕事の進め方改革」

トヨタの工場現場はすごい、とよく言われます。技術の高さ、製品の品質の高さを、世界から評価いただくことも少なくありません。

しかし、オフィスで働くホワイトカラーについてはどうか。トヨタのホワイトカラーの仕事がすごいとは、誰も言ってくれないのではないか……。

そんな危機感をもとに、トヨタで二〇〇七年にスタートしたのが、新しい取り組みでした。端的に言えば、ホワイトカラーの「仕事の進め方改革」です。

トヨタといえば、製品の品質の高さを評価いただくことはありますが、では、品質はなぜ高まるのか。品質を管理していれば、高まるわけではありません。なぜなら、品質を作っているのは、人だからです。そして、品質の悪いものを作ろうと思っている人はいません。

にもかかわらず、どうして品質は高まらないのか。どうして失敗が起きてしまうのか。それは「仕組み」に問題がある、とトヨタは考えました。

誰もががんばっているのです。ところが結果が出ない。それはおかしいはずです。そもそも仕事の仕組み＝仕事の進め方にこそ、問題がある。そんな理不尽な仕事をなくすために、仕事の進め方を変える。

トヨタの新たな取り組みとは、ホワイトカラーの仕事の進め方を変える全社的な取り組みでした。がんばっているのに成果が出ない、という理不尽な仕事をなくすために、トヨタ全社で進めている仕事術です。

## 「結果さえ良ければいい」を許さない

トヨタの仕事術の大きな特徴は、ダンドリを重視することです。「計画」「実行」「評価」「改善」のいわゆるＰＤＣＡサイクルでいえば、Ｐを重視する。

仕事の実行に取りかかる前に、いかにきちんとした仕事のダンドリを考え、ヌケやモレのない準備をすることができるか。それが、仕事の成果や効率を大きく左右することになるのです。

そんなトヨタの仕事術がベースとして用いたのは、工場の現場から生まれた考え方でした。その名称が、「自工程完結」です。海外では「Ji Kotei-Kanketsu」もしくは略して「ＪＫＫ」と呼ばれています。

トヨタの仕事術では、ホワイトカラーでありがちな「結果オーライ」「結果さえ良ければプロセスは問わない」という考え方を許しません。

そもそも工場の仕事では、結果を正しく出せるよう、それぞれの工程で「品質は工程で造りこむ」ことを求めます。そうすることで、生産性を高めたり、モチベーションをアップさせたりすることができる。トヨタは製造工程の「自工程完結」の成功で、そのことに気がつきました。トヨタの仕事術は、ホワイトカラーにおいても、そうした工場の考え方を取り入れようと考えたのです。

## ダンドリを見直さないと再びミスが起こる

どんなやり方であっても、良い結果さえ出ればいい、という考え方もあるのかもしれません。実際、ホワイトカラーの仕事では、結果の良さだけを求める傾向が強い印象があります。

結果だけが問われ、その前のダンドリについては問われない。どのようなダンドリをしていたのか、について聞かれることもない。評価されることもない。

しかしそれでは、良い結果のときはさておき、もしかすると良い結果が出なかったとき、ダンドリそのものに問題があったとしても、なかなかそこに立ち戻ることはできないと思うのです。ダンドリが見直されないということです。

それでは、再び良くない結果をもたらしてしまう可能性がある。また、うまくいった経験だけで仕事をしていたら、予想外の事態が起こって、対応ができずに失敗してしまうようなこともありえます。

もっといえば、担当者が急に異動したり休職したり退職したりしたとき、まったく対応ができない、というようなことにもなりかねません。

トヨタの仕事術は、こうしたなかでも正しい結果が得られ、安心して仕事ができるように考えられたものです。

ホワイトカラーの仕事において、ダンドリを重視した質の高い仕事をするための考え方が、トヨタの仕事術なのです。

## 仕事の進め方を詳しく解説

ホワイトカラーの生産性向上は、日本企業にとって大きな課題となっています。
実際に製品や人が動く様子を見ることができる工場とは異なり、開発・設計、営業・事務管理などのスタッフの仕事は、その多くが手元の書類やコンピュータを使い、頭の中で行われるため、プロセスが見えにくく、改善しにくいといわれています。
また、グローバル競争の激化、技術の高度化などにより、スタッフが担う仕事は、ますます複雑化、高度化するとともに、スピードアップを含めた生産性の向上が求められるうえ、IT技術の進展によりブラックボックス化することで、ますます問題が見えにくくなっています。
ホワイトカラーの仕事の質の向上と、それに伴う効率化は、これまで以上に重要になってきています。

私たちの取り組みも、まだ志半ばではありますが、本書は、トヨタがホワイトカラーの仕事の質の向上において、どんな取り組みをしているのか、ご紹介するためにまとめたものです。

より多くの方に、この取り組みを知っていただくために、漫画と解説を組み合わせてわかりやすいものにしてあります。

ごく普通の仕事の遂行において、ここまで詳しく、その考え方や仕組みを具体的に記した本は、そうそうないと思います。

日本のホワイトカラーの生産性の向上に、また一人ひとりの仕事の質とモチベーションの向上に、少しでもお役に立つことができたなら、幸いです。

トヨタ自動車株式会社　業務品質改善部

［目次］

Point 2

## 仕事の最終的なアウトプットを明確にする 051



Point 3

## 仕事の手順を明確にする 067

Point 4

## 要所・要所で「これでよし」と判断できる基準を明確にする 089



Point 5

## 各手順で必要なものを明確にする 105

Introduction

# トヨタの仕事術に はじめて出会う 人のために

この章では……
トヨタの仕事術がどんなものなのか、どんなメリットがあるのかを簡単に紹介します。とあるメーカーのオフィスで働く若手社員の豊川クンがトヨタの仕事術に出会うところから話が始まります。

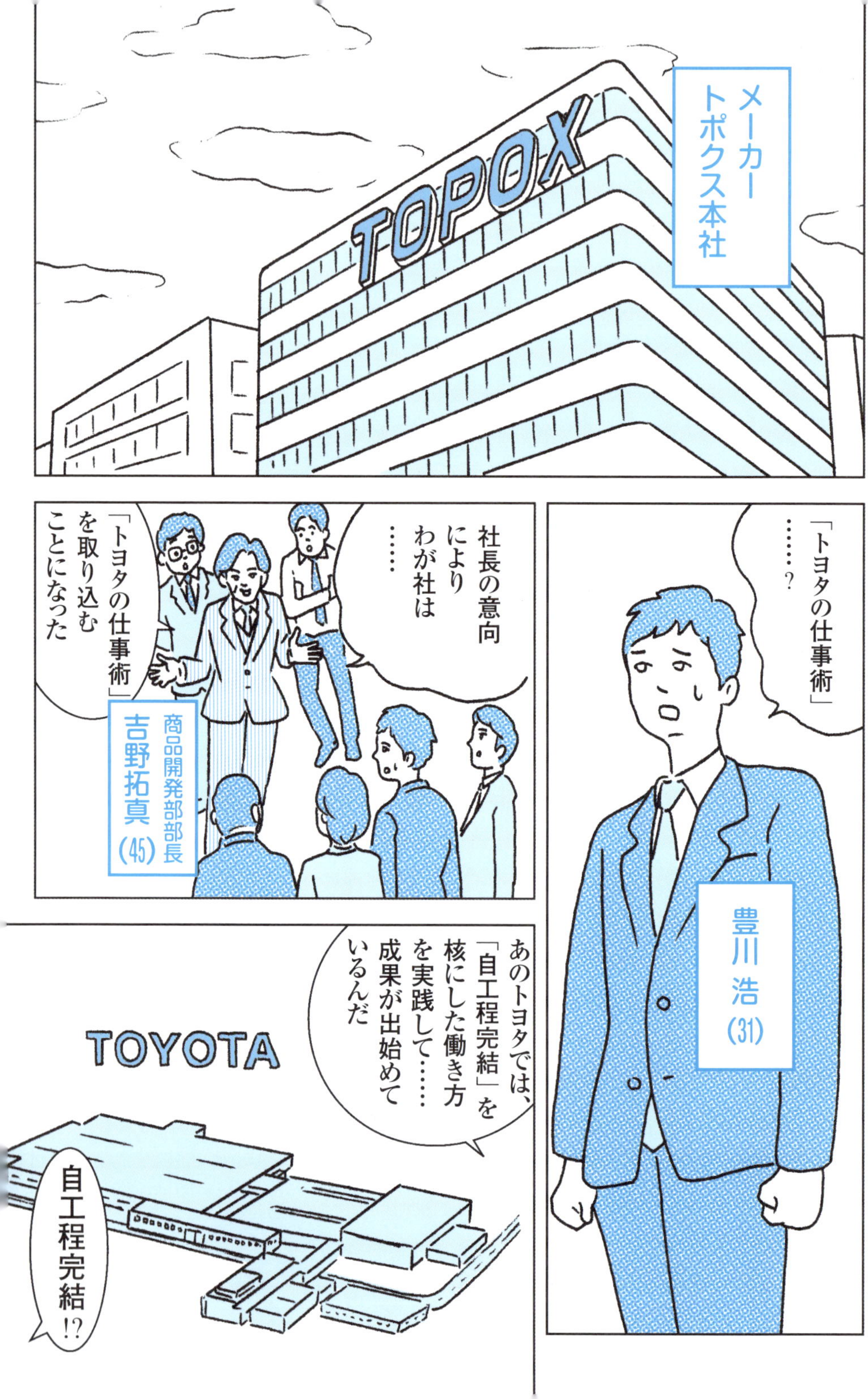
メーカー
トポクス本社
TOPOX
「トヨタの仕事術」……？
豊川 浩（31）
社長の意向により わが社は……
「トヨタの仕事術」を取り込むことになった
商品開発部部長 吉野拓真（45）
あのトヨタでは、「自工程完結」を核にした働き方を実践して……成果が出始めているんだ
TOYOTA
自工程完結!?

ムダな会議や同じ失敗の繰り返しをしないで
質の高い、「いい仕事」ができるようになるのが……
トヨタの仕事術なんだ
トヨタの仕事術ができれば
生産性も、モチベーションもアップする
我ら商品開発部が率先して……「トヨタの仕事術」に取り組もうじゃないか
自工程完結
でも
いきなり「自工程完結」って言われてもピンと来ませんよぉ！
そもそも字面からして難しそうだし…
難しくはないぞ一般的な仕事の進め方である「PDCA」で説明すると…

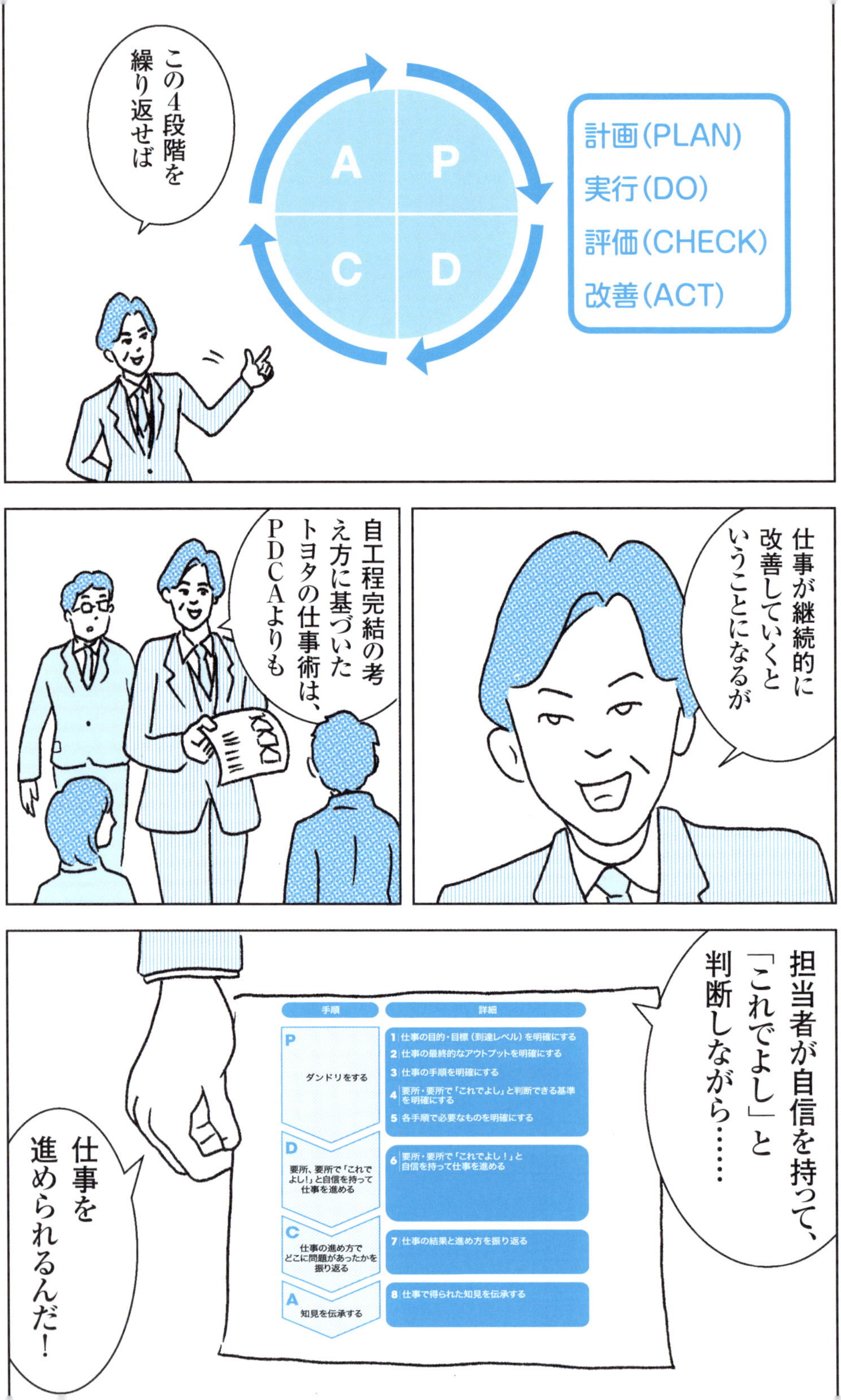
この4段階を繰り返せば
A
P
C
D
計画(PLAN)
実行(DO)
評価(CHECK)
改善(ACT)
仕事が継続的に改善していくということになるが
自工程完結の考え方に基づいたトヨタの仕事術は、PDCAよりも
担当者が自信を持って、「これでよし」と判断しながら……
手順
詳細
P
ダンドリをする
1 仕事の目的・目標(到達レベル)を明確にする
2 仕事の最終的なアウトプットを明確にする
3 仕事の手順を明確にする
4 要所・要所で「これでよし」と判断できる基準を明確にする
5 各手順で必要なものを明確にする
D
要所、要所で「これでよし!」と自信を持って仕事を進める
6 要所・要所で「これでよし!」と自信を持って仕事を進める
C
仕事の進め方でどこに問題があったかを振り返る
7 仕事の結果と進め方を振り返る
A
知見を伝承する
8 仕事で得られた知見を伝承する
仕事を進められるんだ!

八つの手順に分かれているのね
うーん…でも、まだピンと来ない……
大丈夫だ!
いろんな場面で実践すれば、トヨタの仕事術は身につくだろう
実は前から勉強してたんだ
○○式
自工程完結
トヨタの仕事術は、仕事だけでなく……
生活や、人生にも活かせるぞ
人生にも!?
トヨタの仕事術をマスターして……みんなで、「いい仕事」をしよう!

トヨタの仕事術を解説←

# トヨタの仕事術とは何か

## トヨタで独自に考えられた仕事の進め方

トヨタの仕事術は、端的に記せば、こう定義することができます。

「ダンドリを重視した、質の高い仕事をするための考え方」

これは、工場の現場から生まれた考え方「自工程完結」をホワイトカラーの仕事の進め方に置き換えて言っています。自工程完結という言葉は、少し聞き慣れないものかもしれません。

自工程完結は、工場を中心とした現場で広まり、大きな成果を生みました。品質管理の検査で、どうしても出てきてしまう不具合が、この取り組みで一気に少なくなりました。

象徴的な事例が一つあります。工場内の「水漏れ品質保証」です。工場内でみんなが最も困っていた、最も難しい課題でした。

できあがった車に激しく水をかけ、水漏れがないか見ていく検査では、ごくまれに水漏れが見つかりました。しかし、どこに問題があったのか、把握するのに大変な労力が必要でした。すべての工程をチェックしないといけないからです。

そこで、この水漏れが一切起きないようにする方法を考えました。それは、水漏れに関わる二〇〇〇以上の作業をすべて洗い出し、水漏れしないよう改善していくことでした。

こんなことができるはずがない、という声もありましたが、実際に水漏れゼロが達成できました。どうしてかといえば、それぞれの「工程」で、「自」分たちの仕事をしっかり「完結」させたからです。

大きなポイントは、それぞれの仕事において、工程を洗い出し、必要であればゼロベースから自分の仕事のやり方を見直し、それぞれの工程できっちり仕事を進めていくことでした。

これが、自分たちの工程を完結させる、という意味の「自工程完結」という言葉につながっていったのです。

## 創業以来の精神が刻み込まれていた

自工程完結は、実はトヨタ創業以来の精神である「品質は工程で造りこむ」の考え方を織り込んでいました。トヨタの新しい取り組みの考え方の原点は、トヨタの歴史にしっかりと刻み込まれていたのです。

高い品質の製品を作り上げていこうとするとき、最もわかりやすい方法は、検査をして悪いものを見逃さない、ということでしょう。そのために検査をする道具を開発したり、検査する人を訓練したり、検査ですばやく判断できるようにしたりする。

検査の最大の役割は、良い悪いを判定することです。しかし、誰もが悪いものを作ろうと思って作っているわけではない。では、トヨタはどう考えていたのか。

トヨタの品質管理の原点は、豊田自動織機の創業者、豊田佐吉が考案した「豊田G型自動織機」にありました。この織機の特徴の一つは、布を織る糸が切れると、機械が止まるメカニズムが組み込まれていたことです。

生産途中で、織物を構成する数百本の糸のうち一本でも切れたり、なくなってしまったら、不良

「1962年、第3回品質月間で、『品質は工程で造りこもう』という言葉が生まれた」

品をどんどん織り続けてしまうことになる。そこで、機械を止める自動停止装置を取り入れたのです。機械が止まれば、不良品は作られなくなります。

この装置の根底には、一つの考え方がありました。

「良いものだけを生産し、検査に頼らないモノづくりをする」

検査に頼るのではなく、工程で品質を管理する。工程で品質を造りこんでいくということ。一九六〇年、当時の豊田英二副社長から「検査の理念は検査しないことにあり」という品質に関する明確な指針が示されました。

これは、高い品質のためには、工程が重要になる、ということです。

## 仕事の工程が見えにくいホワイトカラー

トヨタの製造現場では、「品質は工程で造りこむ」という考え方が徹底され、風土として根づいています。

品質のバラツキ要因である4M（人：Man、設備：Machine、材料：Material、方法：Method）を工程ごとに管理し、品質の均一性を確保する。同時に問題・課題に対する対策を織り込むことで、常に品質の向上につとめてきました。

一方、ホワイトカラーの仕事は、書類やコンピュータを使い、頭の中で行われるため、仕事の工程が見えにくく、担当者に依存する部分が多くなっている、という特徴があります。

そのため、仕事内容が少し変わったり、人の異動などの環境変化によって、品質が低下したり、バラツキが発生するという問題が生まれます。

そこで、ホワイトカラーの職場においても、「品質は工程で造りこむ」という考え方を取り入れようと考えたのが、トヨタの仕事術です。

ホワイトカラーの仕事では、モノを加工するかわりに、前工程からもらった情報をもとに、何ら

## 図表1 ホワイトカラーと製造現場の仕事の工程の違い

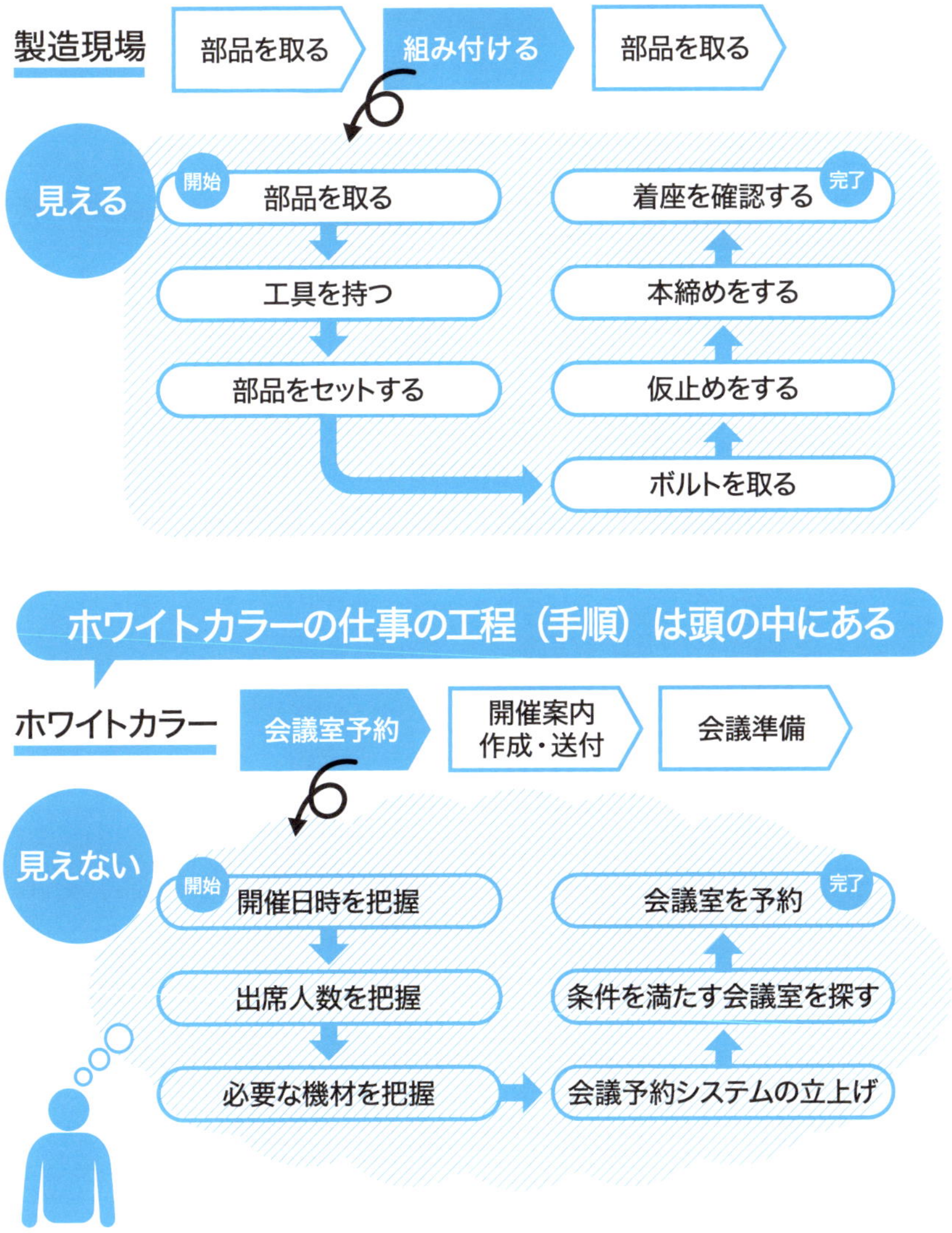

かの意思決定をし、次の工程に渡すことになります。その観点で、「品質は工程で造りこむ」という考え方を学び、仕事の質の向上に取り組むことにしたのです。

## 質の高い仕事とは、どういうものなのか

では、質の高い仕事とは、どういうものなのか。トヨタでは、こう定義しています。トヨタの仕事術の考え方です。

「後工程を含むお客さまにご満足いただけるアウトプットを継続的、効率的に提供できること」

すなわち質の高い仕事をするために、以下の考え方が必要になると考えています。

❶ お客さまにご満足いただけるアウトプットを出すこと
❷ 結果を生み出す過程を重視し、環境が変化しても良い結果を継続的に出し続けること
❸ 同じアウトプットであれば、効率的にアウトプットをお客さまに提供すること

職場における仕事の知見を組織的に蓄積し、継続的に仕事の中身を改善していくプロセスを重視する考え方がベースになっています。

まずお客さまに提供する価値を定義し、その価値を提供するための方法を考えていく。価値を提

## 図表2 トヨタの仕事術に基づく仕事の進め方

| 手順 | 詳細 |
| --- | --- |
| P ダンドリをする | 1 仕事の目的・目標（到達レベル）を明確にする<br>2 仕事の最終的なアウトプットを明確にする<br>3 仕事の手順を明確にする<br>4 要所・要所で「これでよし」と判断できる基準を明確にする<br>5 各手順で必要なものを明確にする |
| D 要所、要所で「これでよし!」と自信を持って仕事を進める | 6 要所・要所で「これでよし！」と自信を持って仕事を進める |
| C 仕事の進め方でどこに問題があったかを振り返る | 7 仕事の結果と進め方を振り返る |
| A 知見を伝承する | 8 仕事で得られた知見を伝承する |

供する方法を考えていくためには、仕事の手順を考え、手順ごとに必要な要件を明確にしていくことが求められます。

さらに、考えた内容を関係者と合意して確実に実践していく。そして仕事が終わったら振り返り、仕事で得られた知見を伝承していきます。

トヨタの仕事術は、八つの流れからできています。続いて、その流れ（ポイント）ごとに実践するのに参考となるノウハウを紹介していきましょう。

Part 1

# トヨタの仕事術 8つのポイント

トヨタの仕事術には、8つの流れ（ポイントがあります）。パート1では、各ポイントで何をすればいいのかを具体的に紹介します。メーカー・トポクス社の豊川クンもトヨタの仕事術のポイントを理解し、そのノウハウを身につけるにつれて、レベルアップしていきます。トヨタの仕事術は、すべてのポイントのノウハウを身につけなければできない、というものではありません。自分の仕事に役立てられるノウハウを見つけて、使ってみるところから始めてください。

Point **1**



# 仕事の目的・目標（到達レベル）を明確にする

この章では……

どんな仕事にも目的があります。また、仕事にはどのレベルまで到達するべきか、という目標もあります。ところが、意外にそのことは忘れられがちで、結果、大きな失敗の原因になります。トヨタの仕事術に取り組むことになった豊川クンが、プライベートでそのことを痛感するハメになります。ここでは、目的・目標をきちんと把握して仕事を始めるためのノウハウを7つ紹介します。

ある日の日曜日…
「トヨタの仕事術」に取り組めば、
「いい仕事」ができる
でもそもそも、「いい仕事」って……健康じゃないとできないよね!?
最近すぐ、カゼひくようになったし……ジョギングで、健康な体を作るぞ!
ピトッ
ん……雨!?

ザーッ
どうしようかな……今日は早めに終わらせる？
いや！　ジョギングを始めるって決めたんだ……
予定通り、走り切るぞ！
すると月曜日――
ふぇッくしょーーーーーん!?

さ、39度だって……
何やってるのよ、もう……
雨の中ジョギングして、カゼをひくなんて……会社も休むんでしょ?
早めに連絡したら……?
理由は正直に話すのよッ
……
すみません部長、
トヨタの仕事術をマスターすべき大事なときに
手段が目的になってしまったな……
エッ?
ガバッ

Point 1 仕事の目的・目標（到達レベル）を明確にする

次ページから目的・目標の役立つノウハウのご紹介です←

# 仕事の目的を知り、目標（到達レベル）を明確にしよう

## 意外に知らない目的と目標の違い

トヨタの仕事術の第一歩は、仕事の目的・目標をはっきりさせることです。

質の高い仕事をするためには、「自分のお客さまは誰か」「何のためか（例えばお客さまにどうなってほしいか）」をはっきりさせる必要があります。これこそが仕事の目的です。そして、その目的に対し、具体的な目標、「いつまでに」「どのレベルまで」を明確にします。これが目標です。

目的は仕事の狙いや目指す方向を示すもので、目標は仕事の目的の目指す地点を示すものです。

## 図表1 目的と目標の位置づけ

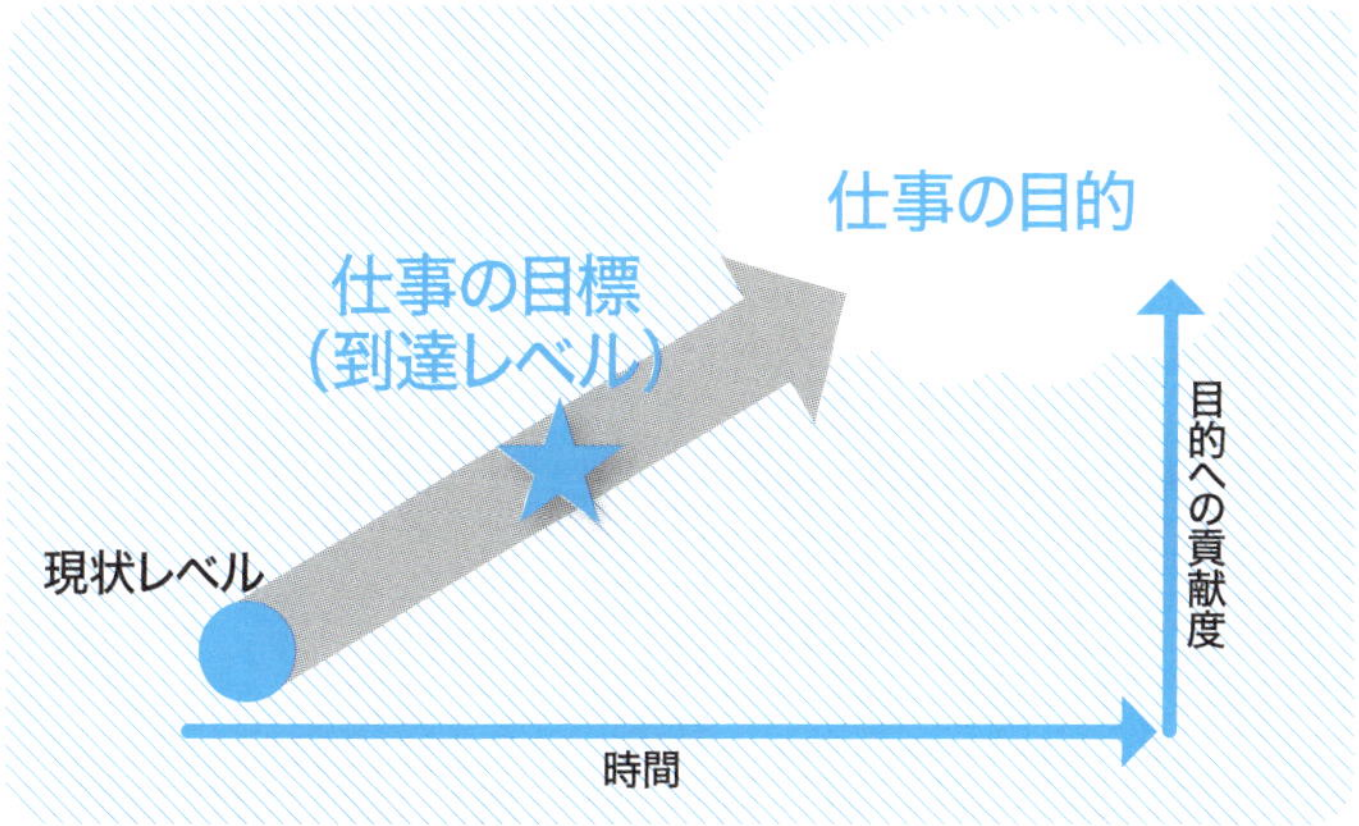


## 図表2 目的と目標の違い

| | | | |
|---|---|---|---|
| 目的 | 目指す方向 | 中長期的 | 抽象的 |
| 目標 | 目指す地点 | 短期的 | 具体的 |

目的は中長期的で目標よりも抽象的になります。一方、目標は短期的で目的よりも具体的になります。

「何のためか」や「どのように活用するのか」を把握して仕事をすることで、柔軟に仕事に対応できます。

環境の変化などを踏まえ、不要になった仕事をタイムリーに改廃することもできます。前任者から引き継いだ仕事を、「何のためか」理解せずに進めていたが、後工程に必要性を聞いてみると、活用していないことがわかり、不要な仕事が見つけられることもあります。

## 自分で仕事の目的や目標を定めていく

例えば、上司が部下に、こんなお願いをしたとしましょう。

「コンパクトカーの販売推移についてグラフにしてほしい」

しかし、これだけでは目的や目標がはっきりしていません。何のためにグラフを作るのか。グラフを作ることで何を理解したいのか。見えてこないのです。

結果として、上司が求めていたものとは異なるピント外れのグラフを作ってしまったり、ただグラフを作ることが目的になってしまうことも起こり得ます。

例えば、上司がここでもう一歩踏み込んで

「計画と実績の差異が見たい」

「競合A社と自社の販売実績の差異がわかるものが欲しい」

と説明してくれていたら、部下はよりグラフを作りやすくなったでしょう。これこそが、仕事の目的を明確にする、ということです。

ただ、上司がいつでもここまで説明してくれるとは限りません。仕事の受け手は、そのことを理解して、自ら仕事の目的や目標を定めていかなければいけないのです。

では、「仕事の目的・目標（到達レベル）」を明確にし、自工程完結のステップとしてより有効なものとして使っていこうとするとき、必要になっていくものとは、どのようなものでしょうか。

七つのノウハウを挙げておきましょう。

### 仕事の目的を知り、目標（到達レベル）を明確にするときの7つのノウハウ

1. 前回の目的とともに目標と結果のギャップを把握する
2. 仕事の背景との整合性を確認する
3. 現状のレベルを確認する
4. 予算や納期など、制約条件を確認する
5. エンドユーザーまでのつながりを理解する
6. 目標は「QCD」などの視点で考える
7. ベンチマーキングできるものを考える

ノウハウ 1

## 前回の目的とともに目標と結果のギャップを把握する

多くの仕事には、前任者がいたり、過去にすでに行われたりしています。過去に作られた資料やデータが残されていたりすることも多くあります。

前回設定した目的を把握するとともに目標と実施した結果のギャップを確認します。そのギャップをどのレベルまで改善すべきかを考えることで目標が具体的なものになります。

また、前回目標を達成していたならば、一段高いレベルの目的・目標を考えるとよいでしょう。

ノウハウ 2

## 仕事の背景との整合性を確認する

組織の役割・ビジョン、プロジェクトの目的・目標、仕事が設定された背景との整合性を確認します。それぞれの仕事は、組織の役割・ビジョンの達成やプロジェクトの目的・目標を達成するために存在します。

仕事の目的・目標は、そうした上位の目標との整合性を確認することで、はっきりしたものになっていきます。また、その仕事がなぜ設定されたのかを上司や関係者に確認することで、目的・目標を明確にすることができます。

## ノウハウ3 現状のレベルを確認する

何らかの問題・課題が認識されているために生まれた仕事であれば、その状況や現状のレベルを把握していきます。その状況やレベルをどこまで改善するのかを考えます。

目標（到達レベル）を設定していく際、現状の確認は極めて重要になります。現状を把握せずに目標を設定してしまうと、正しい目標設定ができなくなる危険があります。

目標設定をするときに、今どこにいるのかがわからないと、目標が高すぎたり、低すぎたりしてしまいます。

今年TOEIC800点を目標にしよう！
えーっ　そんな！（今450点なのに）

例えば、組織の英語力を高めることが仕事の目的になったとします。このとき、今の組織のTOEICの平均点が四〇〇点なのか、六〇〇点なのかで、まずはどのレベルを目標とするのかが変わってきます。現状をよく知ることで、妥当な目標値が設定できます。

## ノウハウ 4
# 予算や納期など、制約条件を確認する

ほとんどの仕事には、何らかの制約条件があります。何でも自由にやっていい、ということはまずありません。仕事の目標（到達レベル）の設定のためにも重要なことは、そうした制約条件を確認していくことです。

例えば、予算や納期など、すでに設定されている目標の要素はないか。また達成すべき目標レベルが上位方針に設定されていないか。法規やルール、安全、環境、コンプライアンスなど、目標に考慮する必要はないかを考えます。

目標（到達レベル）を明確にしていく際には、こうした制約条件を確認しておくことが大切になります。

ノウハウ 5

## エンドユーザーまでのつながりを理解する

エンドユーザーまでのつながり、さらには、それぞれの「お客さま」のニーズを考えます。すべての仕事は、エンドユーザーにつながっています。それを認識することは、あらゆる仕事において大事なことです。

自分が仕事として手がけ、作成したアウトプットは、どのようにエンドユーザーまでつながっていて、それを社内外で誰が使うのか。エンドユーザーまでのつながりに加え、そこまでイメージすることで、目的・目標を明確にできます。

例えば自動車なら、エンドユーザーが求めているのは、「安くて品質の良い車を購入したい」というものでしょう。そのために、設計担当者はどんなことを考えておかなければいけないか。

そのときに大切になるのが、それぞれの「お客さま」のニーズを考えることです。自分の手がけた設計の仕事は、エンドユーザーにたどりつくまでに、多くの「お客さま」がいるはずなのです。

自分の設計の仕事が、後の工程＝「お客さま」の間でどのように使われていくのかを考え、必要

図表3｜エンドユーザーに至るまでのニーズを考える例

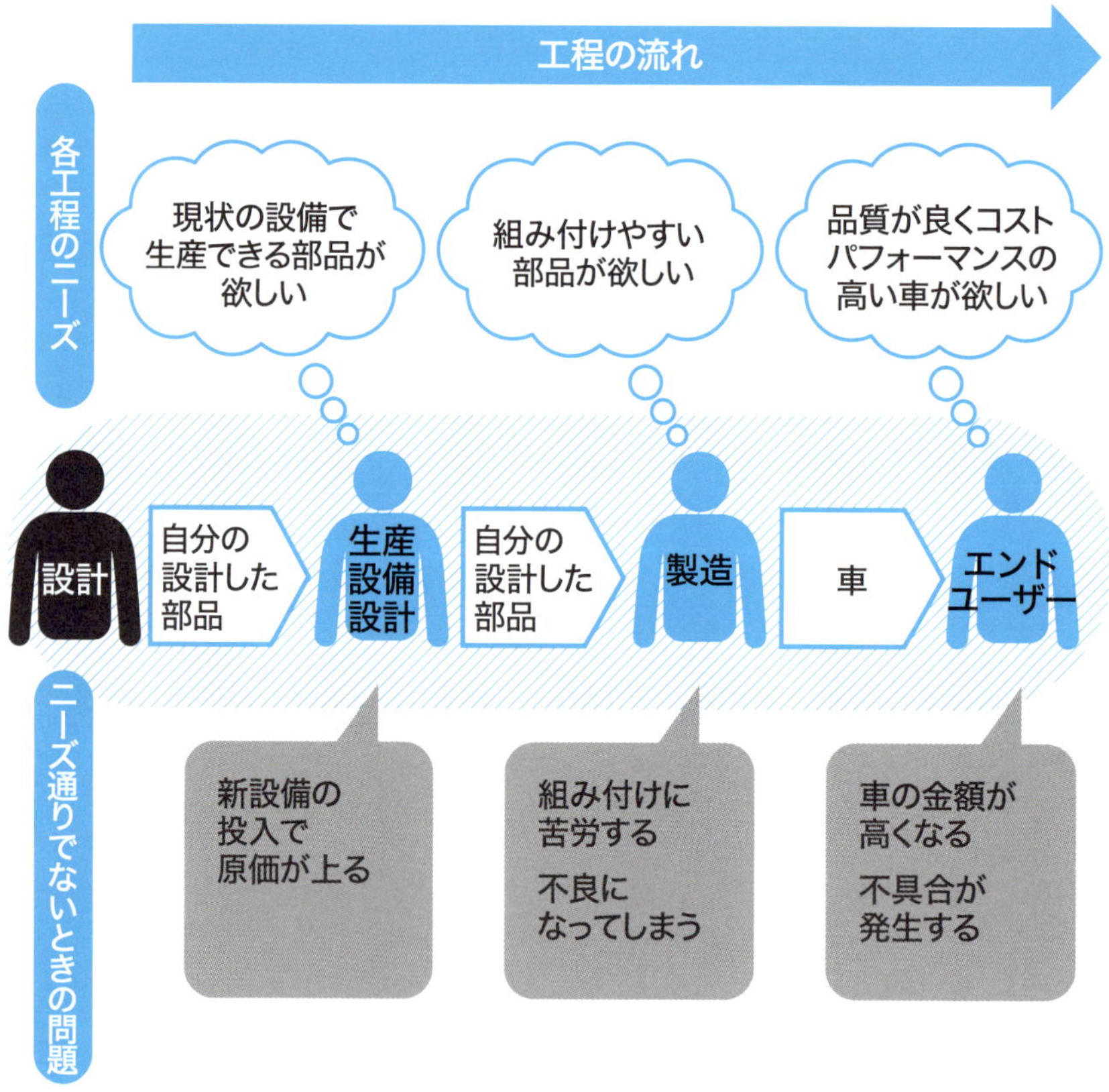

であれば後の工程に確認すること。そこで何が求められていくのか、意識していくことです。

設計でいえば、すぐ後の工程の生産設備設計では、現状の設備で生産できる部品を設計してほしい、というニーズがあります。なぜかといえば、新しい設備を導入すると、車の価格が高くなってしまう可能性が出てくるからです。

また、次の工程の製造では、組み付けやすい部品を設計してほしい、というニーズがあります。例えば、組み付けたときに「パチン」と手応えがある。トヨタ自動車では、部品を組み付けたときに手応えがないため、作業者が気遣いしながらやるような作業などを「気遣い作業」と呼んでいますが、気遣いをしなくていいように改善することで不良を減らしていくことができるのです。製造のことも考えて設計を進めていくことで、製品はより良いものになっていきます。

多くの場合、自分の仕事ですぐ後の工程まではイメージできるものです。設計でいえば、生産設備設計まで。また、設計者はエンドユーザーもしっかり意識できていることが多い。最終的なお客さまに自分の仕事はつながっているということは認識できている。

しかし、実は自分の仕事は、エンドユーザーにたどりつくまでの、さまざまな工程で「お客さま」を持っているのです。設計では部品を組み付ける人も「お客さま」です。それをできるだけイメージする。自分のアウトプットがどこで使われ、それぞれの工程で何が要望されているのか、広くニーズを把握していく。そうすることで、エンドユーザーにも、それぞれの工程でも評価される、いい仕事ができるようになるのです。

ノウハウ 6

# 目標は「QCD」などの視点で考える

自工程完結では、目標は「QCD」などの視点で考え、それらが定量的かつ測れるかも考える必要がある、としています。

QCDとは、「クオリティ」「クオンティティ」「コスト」「デリバリー（納期）」のことです。クオリティは製品の品質やサービスの質。クオンティティは量。コストは、予算や工数などの費用。デリバリーは納期や完成する日を指します。

QCDの切り口で考えると目標はモレが少なくなります。また、できればそれらを定量的にすることで、目指すレベルが明確になります。

また、法規やルール・安全・環境・コンプライアンスなどの項目を考える必要がある仕事もあります。

例えば、自工程完結の本の出版イベントを開催するとしたら、QCDはどうなるか。本の出版イベントですから、大勢の人に来てもらうことが大切。クオンティティは来場者数ということになります。またクオリティは、アンケートを取って本の購入を検討すると回答した人の割合を例えば五〇パーセントにする、ということになる。

図表4 QCDの具体例

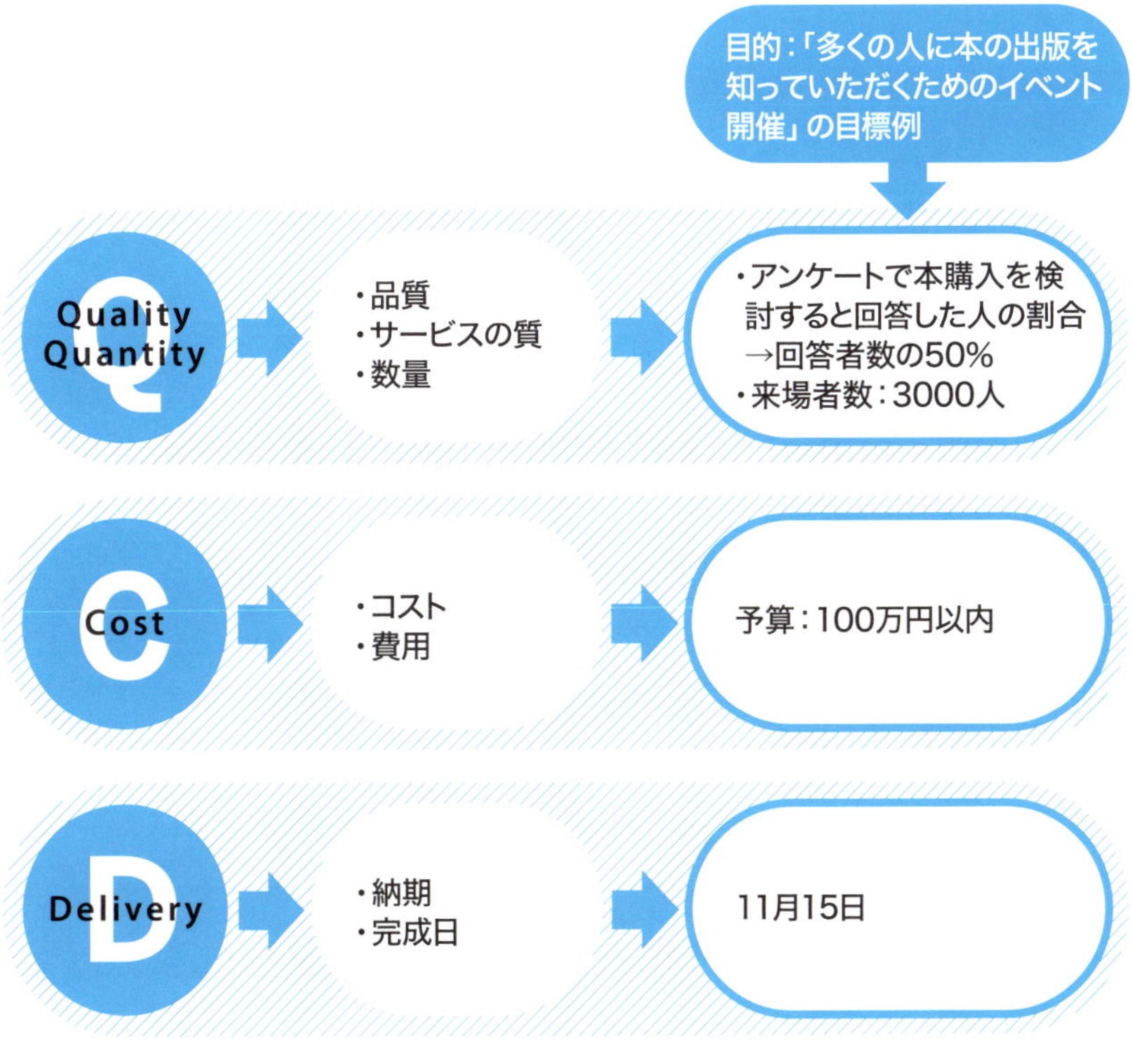
目的：「多くの人に本の出版を知っていただくためのイベント開催」の目標例
Q
Quality
Quantity
・品質
・サービスの質
・数量
・アンケートで本購入を検討すると回答した人の割合
→回答者数の50％
・来場者数：3000人
C
Cost
・コスト
・費用
予算：100万円以内
D
Delivery
・納期
・完成日
11月15日

コストは、イベントの予算。例えば、一〇〇万円としましょう。そしてデリバリーは、「本の発売に合わせて一五日以内に行う」などになります。

また、できればQCDを定量的にすることで目指すレベルが明確になります。

QCDは、さまざまな仕事に当てはめて考えることができます。的確な目標を設定する際のヒントになります。

## ノウハウ 7 ベンチマーキングできるものを考える

仕事の目標を考えるとき、参考になるのが、他の同じような仕事や他部、さらには他社をベンチマーキングすることです。

まずは、自分自身で、同じような仕事を過去

### 図表5 QCDの悪い例・良い例

| | 目標の悪い例 | | 良い例 |
|---|---|---|---|
| Q | 満足いただく | → | アンケート6段階評価5以上にする |
| Q | 関係部署と合意 | → | A・B部の部長と○○を合意する |
| C | 予算：昨年並み | → | 予算：100万円以内 |
| D | 12月末ごろ | → | 12月25日 |

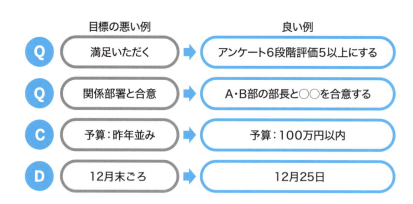

にやったことがないかと考えます。もし、あるのであれば、今回の仕事の目的や目標を設定するにあたっての参考になります。

また、同じような仕事をしている他の部署、グループ、他社についても、ベンチマーキングできないか、考えてみます。

**図表6 ベンチマーキングするときの視点**

What
何を目標に設定しているのかを確認する
Who
同じような仕事をしている人（社内／社外）は誰か?を考える
Level
目標のレベルはどのくらいかを確認する

**それでは、目的・目標の大切さを知った豊川クンを見てみましょう←**

再び、ある日の日曜日…

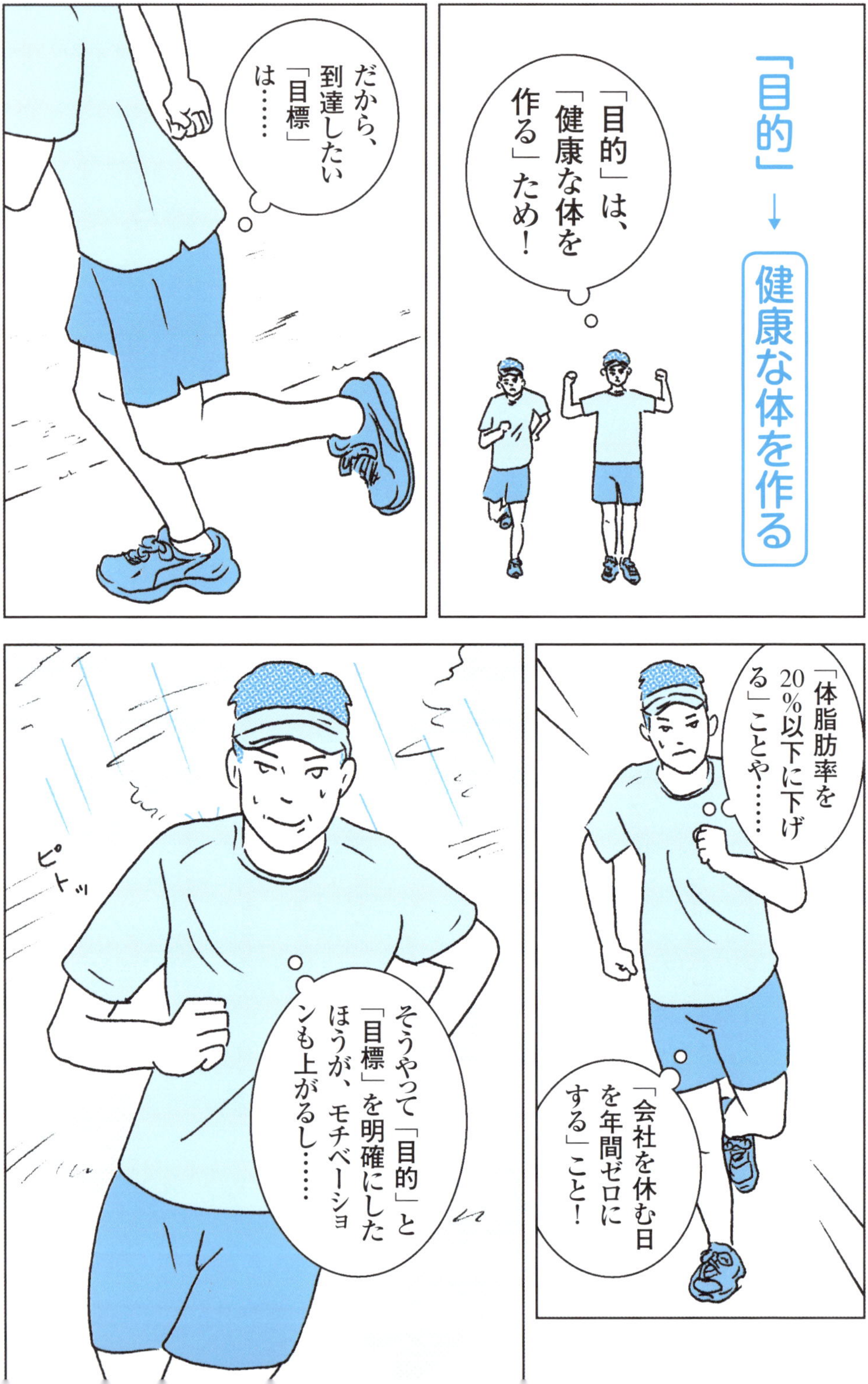
「目的」
↓
健康な体を作る
「目的」は、「健康な体を作る」ため！
だから、到達したい「目標」は……
「体脂肪率を20％以下に下げる」ことや……
「会社を休む日を年間ゼロにする」こと！
ピトッ
そうやって「目的」と「目標」を明確にしたほうが、モチベーションも上がるし……

次ページは、目的・目標のポイントまとめです←

**Point 1** 仕事の目的・目標（到達レベル）を明確にする

## Point 1のまとめ

仕事の目的を認識し、目標（到達レベル）を確認、設定することは、極めて大切なことです。

あらゆる仕事に、目的や目標があります。長期のプロジェクトには、長期の目標があり、それを落とし込んだ日々の会議にも目的や目標があります。

一時間の会議でも、何を目的・目標としているか、参加者全員が認識できているかどうか。それができていない会議は本来、やってはいけないのです。なぜなら、せっかく時間を取っても、何ら結果に結びつけられない可能性があるから。

あらゆる仕事について、目的と目標を意識していくことで、仕事は大きく変わっていくのです。

**Point 2**



# 仕事の最終的なアウトプットを明確にする

この章では……

どんなにすばやく立派な仕事をしても、「やり直し」になってしまっては、元も子もありません。トヨタの仕事術では、その最大の原因は、「仕事の最終的なアウトプットが明確でないから」と考えます。豊川クンも、ここをサボってやり直しになっているようです。最終的なアウトプットのイメージを明確にできるノウハウを6つ紹介します。

あわただしい外出間際に、沢田先輩から仕事を頼まれた豊川クン

次ページからアウトプットイメージを明確にするノウハウのご紹介です←

# 仕事の最終的なアウトプットのイメージを明確にしよう

## やり直しの元凶になっている

目標を達成するための手段が「最終的なアウトプット」です。仕事を進める前に上司や関係者と「最終的なアウトプット」を共有・合意することで、やり直しをより少なくできます。

仕事を委ねられ、やってみたら、上司から「こんな仕事をお願いしたわけではない」と言われてしまった。一生懸命にやったのに、けんもほろろに突き返されてしまった。こういうことが、職場ではよく起こります。

これは、「仕事の最終的なアウトプットのイメージ」が共有されていないことが原因の一つです。

**図表1 目的・目標と最終的なアウトプットの位置づけ**

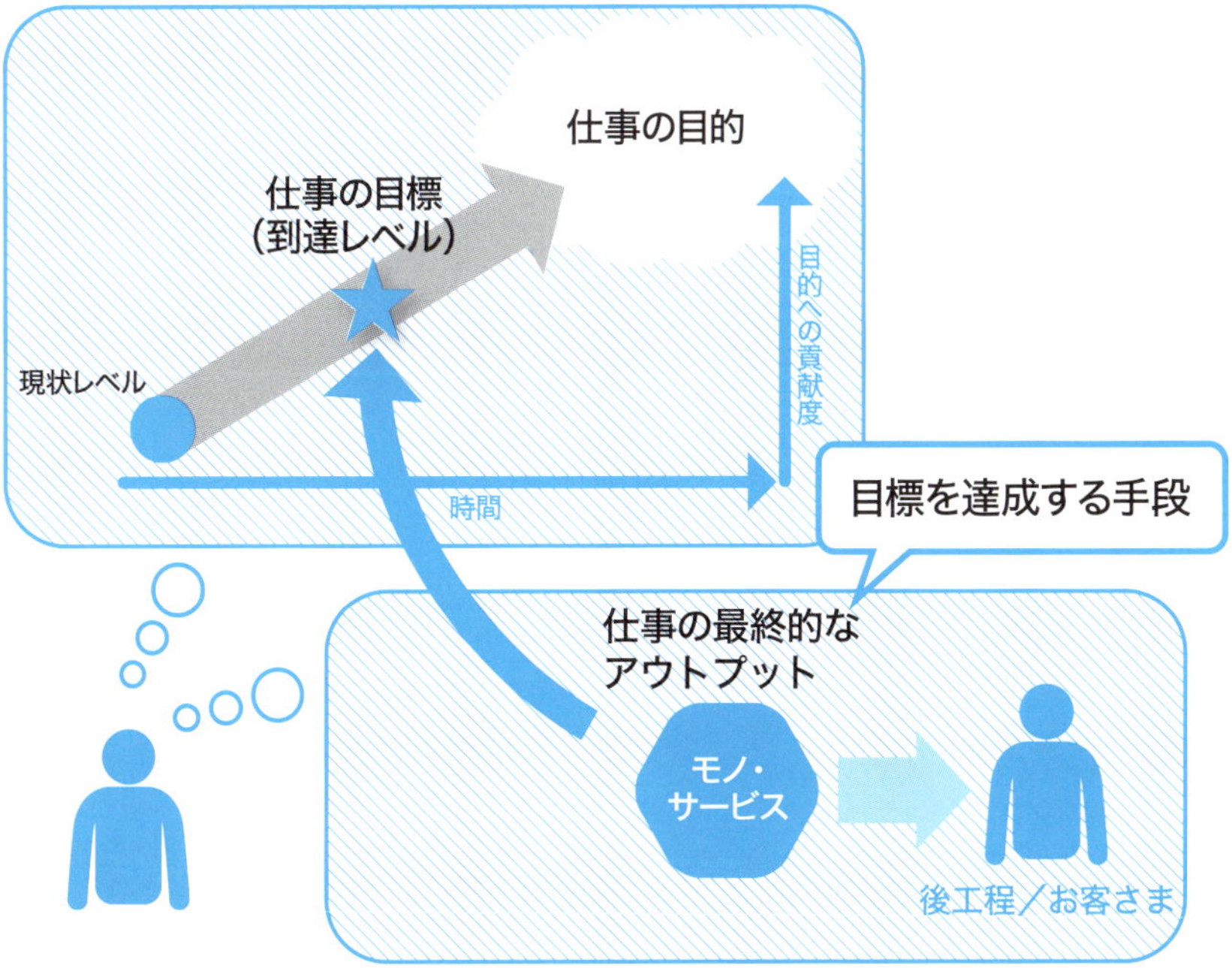


上司も伝えていなかったし、部下も聞いていなかった。

その結果として、やり直しというロスが発生してしまうのです。これは、大きく生産性を下げてしまいますし、上司も部下もモチベーションが大きく下がります。

仕事の最終的なアウトプットが共有できていると勝手に思い込んでしまうことが、往々にしてあります。ところが実際には、依頼者と仕事を引き受ける人で異なるアウトプットイメージを持ってしまっていたりする。

上司にすれば、「そのくらい当然わかるだろう」と思っています。しかし、そうではないのです。だから、きちんとアウトプットのイメージを部下に伝えなければいけないのです。そして、正しく共有できていることを確認しないといけない。実際には、五分、一〇分、手間をかければ、できる話なのです。

## できるだけ具体的にする

昔ながらの「一を聞いて一〇を知る優秀な部下」を、上司は期待しているのかもしれません。自分自身もそうやってきた、と思っている上司も少なくありません。

もっといえば、他の人が過去に失敗したことと同じ失敗をさせて学びを得るということが、部下にとっての教育になると思い違いをしている上司もたくさんいます。

しかし、こんなことをしているから、生産性が高まらないのだ、ということに気づく必要があります。最初からアウトプットイメージが正しく共有されていれば、防げる話なのです。

これができていないために、部下はせっかくやったのに怒られ、うまくいかなかった理不尽さにやる気をなくしてしまったりするのです。

最終的なアウトプットは、できるだけ具体的にすることで、やり直しは少なくなっていきます。

口頭で伝えるだけではなく、文字や図表、写真なども加えたほうが、イメージが伝わりやすいことは多々あります。

もし、最終的なアウトプットが正しくイメージできる実物のようなものがあるのであれば、それを見せるのが一番早いでしょう。

では、「仕事の最終的なアウトプット」を明確にするときの、**六つのノウハウ**を挙げておきましょう。

### 「仕事の最終的なアウトプット」を明確にするときの6つのノウハウ

1. 前回がどのような最終的なアウトプットだったかを把握する
2. 仕事の依頼者に最終的なアウトプットイメージを聞く
3. 仕事の最終的なアウトプットイメージを思い浮かべる
4. アウトプットイメージを書き出し、関係者に相談する
5. 場合によっては複数の案を考える
6. 他の同じような仕事をベンチマーキングする

ノウハウ 1

# 前回がどのような最終的なアウトプットだったかを把握する

前任者がいたり、過去に仕事が行われていたりした場合は、前回の最終的なアウトプットが何だったかを把握する必要があります。

例えば、前回の作成資料はどのようなものだったか。どのような電子データに落とし込まれていたか。

場合によっては、前回の担当者やその仕事の経験者に直接確認していくことで、最終的なアウトプットが明確になります。

ただし、注意しなければならないのは、前回のアウトプットが必ずしも最適なアウトプットとは限らないということです。前回のアウトプットを知ったうえで、目的・目標を達成するために最適なアウトプットを考えてみてください。

ノウハウ 2

# 仕事の依頼者に最終的なアウトプットイメージを聞く

仕事の依頼者が具体的なアウトプットイメージを持っている場合は、その依頼者に直接、詳しく聞いて共有することが大切になります。

例えば、ある会議で使用する資料の作成を依頼されたとすると、多くの場合、依頼者はその資料の具体的なアウトプットイメージを持っています。

このケースでは、資料を作成し始める前に、アウトプットイメージを依頼者にきちんと聞いておくことで、やり直しを少なくすることができます。場合によっては、「現物」や現物に近いものを確認します。

資料作成のようなシンプルな仕事でない場合は、依頼者が明確なアウトプットイメージを持っていない場合もあります。その場合でも、作業を始める前にしっかり相談をして、アウトプットイメージを共有しておくことが大切です。

## ノウハウ 3

## 仕事の最終的なアウトプットイメージを思い浮かべる

最終的なアウトプットが完成した状態を思い浮かべます。思い浮かべることができなければ、イメージは理解できていない、と考える必要があります。

そして最終的なアウトプットを具体的にイメージしてみることで、モレを防ぐとともに、思い浮かばない部分がどこなのかが明確になります。

思い浮かばない部分は、関係者に相談したり、一緒に議論しながら明確にしていくことができます。

最終的なアウトプットを思い浮かべることなく見切り発車してしまうと、時間がかかってしまったり、依頼者が求めるものに応えることができないリスクが高まります。

## ノウハウ 4

## アウトプットイメージを書き出し、関係者に相談する

自分の中に思い浮かんだアウトプットイメージは、具体的に書き出し、関係者や仕事の依頼者に

## 図表2 アウトプットのズレを少なくする相談の仕方

「口頭」よりも「イメージを書く」、さらに「過去の現物」で関係者に相談するとズレが少なくなる

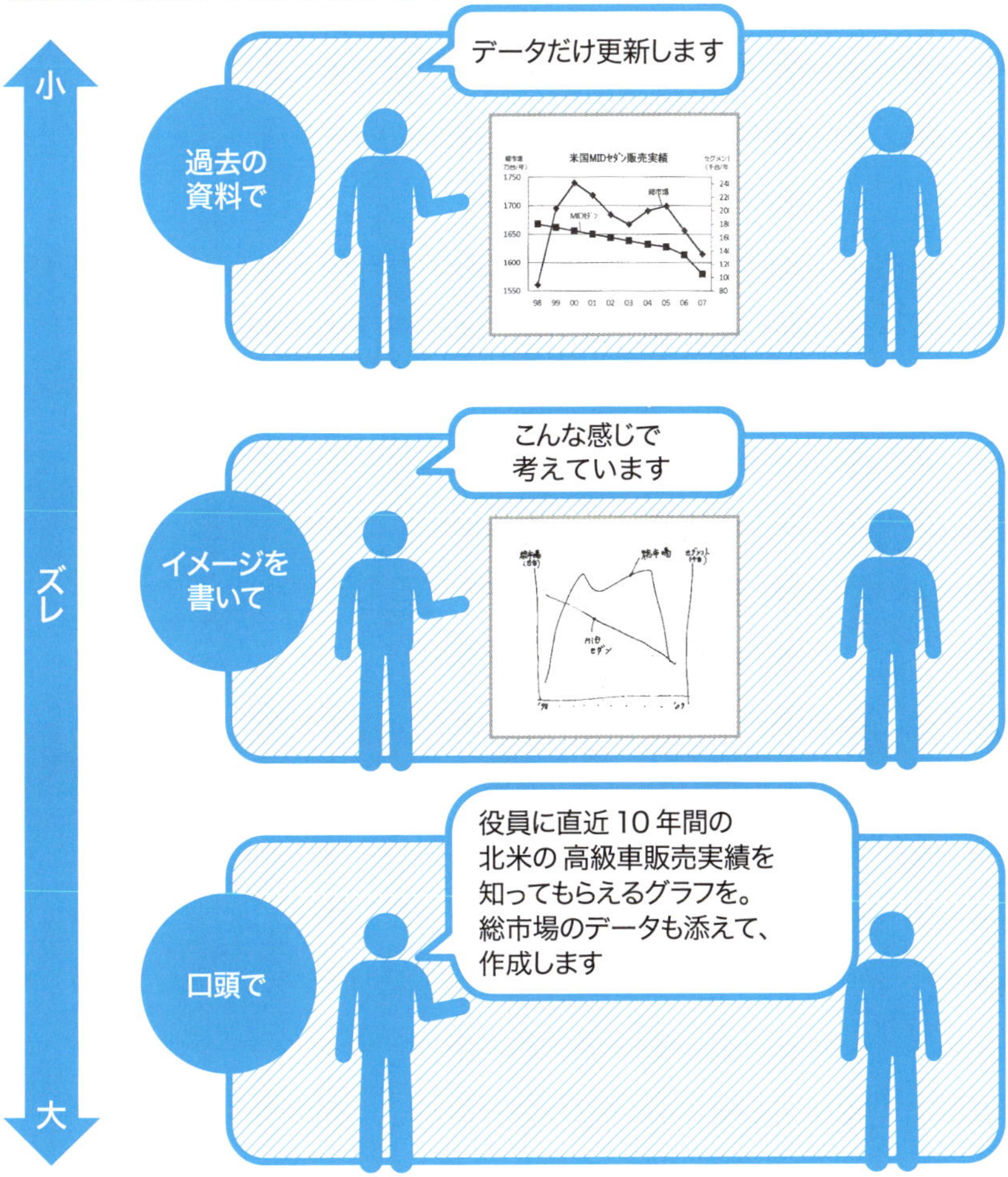

確認します。そうすることで、アウトプットのズレが少なくなります。

誰かと相談したり、合意したりしなければいけないとき、頭の中に漠然とイメージを持っているだけではできません。だから、書き出すことが大切になってきます。

イメージが書けない人は実は理解できていない可能性があります。したがって、イメージできない部分を関係者に相談しましょう。

また、人によってアウトプットイメージが大きく異なる場合は、関係者を集め、議論しながらアウトプットイメージを書き出してみることが有効です。

## ノウハウ 5
# 場合によっては複数の案を考える

例えば資料の作成などは、依頼者のアウトプットイメージがはっきりしていることが少なくありません。

しかし、目的と目標はある一方、「最終的なアウトプット」がはっきりしていない仕事のケースもあります。その場合は、アウトプットを複数、考えたほうがいい場合もあります。

例えば、前回まではたしかに研修を行っていた。ただ、研修だけが本当に最適な方法なのか。もしかすると、小冊子を制作して配布するほうが相手に効率的に伝えられるのではないか。

前回までのアウトプットから一度、離れて、柔軟な発想で別の手段にも発想を広げてみる。最適なアウトプットを、改めて考えてみる。そうした意識を持っておくことです。

## ノウハウ 6
# 他の同じような仕事をベンチマーキングする

はじめて行うような仕事でも、他の人や他部署・他社が同じような仕事をしていることが多々あります。

他に同じような仕事はなかったか、他部署で同じような仕事を行っていないか確認し、あればアウトプットをベンチマーキングするのも、一つの方法です。

社内であれ、社外であれ、外に目を向けると、いろいろなヒントがあります。仕事ができる人は、そうしたところにしっかりアンテナを張っています。忙しくても、話を聞きに行ったりして、アウトプットイメージを考えるヒントにしているのです。

豊川クンのアウトプットイメージはどうなったでしょうか ⬅

豊川クンは沢田先輩と何やら打ち合わせ中
前に作った、この資料と……
同じぐらいの内容とボリュームで、次の資料を作ってほしいの
なるほど……これがまさに「現物」ですねッ
数日後
できました！
これよ、これ！
私がイメージしていた、アウトプット通りだわ！
！
てことは……

次ページは、アウトプットイメージのポイントまとめです←

**Point 2** 仕事の最終的なアウトプットを明確にする

## Point 2のまとめ

「こんな仕事をお願いしたはずではなかった」と仕事を依頼した上司は嘆く。

「一生懸命やったのに、どうして上司はOKをしてくれないのか」と仕事を依頼された部下は嘆く。

こんな光景は多くの職場で日常茶飯事です。その最も大きな原因は、アウトプットイメージの共有がなされていなかったことにほかなりません。

仕事の依頼者が頭に描いているアウトプットイメージと、仕事の受け手が頭に描いているアウトプットイメージがずれていたら、思うような仕事はできないのです。

トヨタの仕事術では、双方で最終的なアウトプットを明確にしていくことで、ズレを防いでいくことができるのです。

Point 3



# 仕事の手順を明確にする

**この章では……**

**仕事をスムーズに進めるためには、「なんとなく思いついたことから仕事を始めてしまわないこと」が、大事です。つまり、あらゆる仕事には正しい手順があって、その順番が前後していたり、必要な手順が抜けていたりしては、絶対にうまく行きません。豊川クンは、日常生活の中から手順の大切さに気づいたようです。仕事の手順を明確にできる11のノウハウを紹介します。**

奥さんのめぐみから、夕食の買い物を頼まれる豊川クン

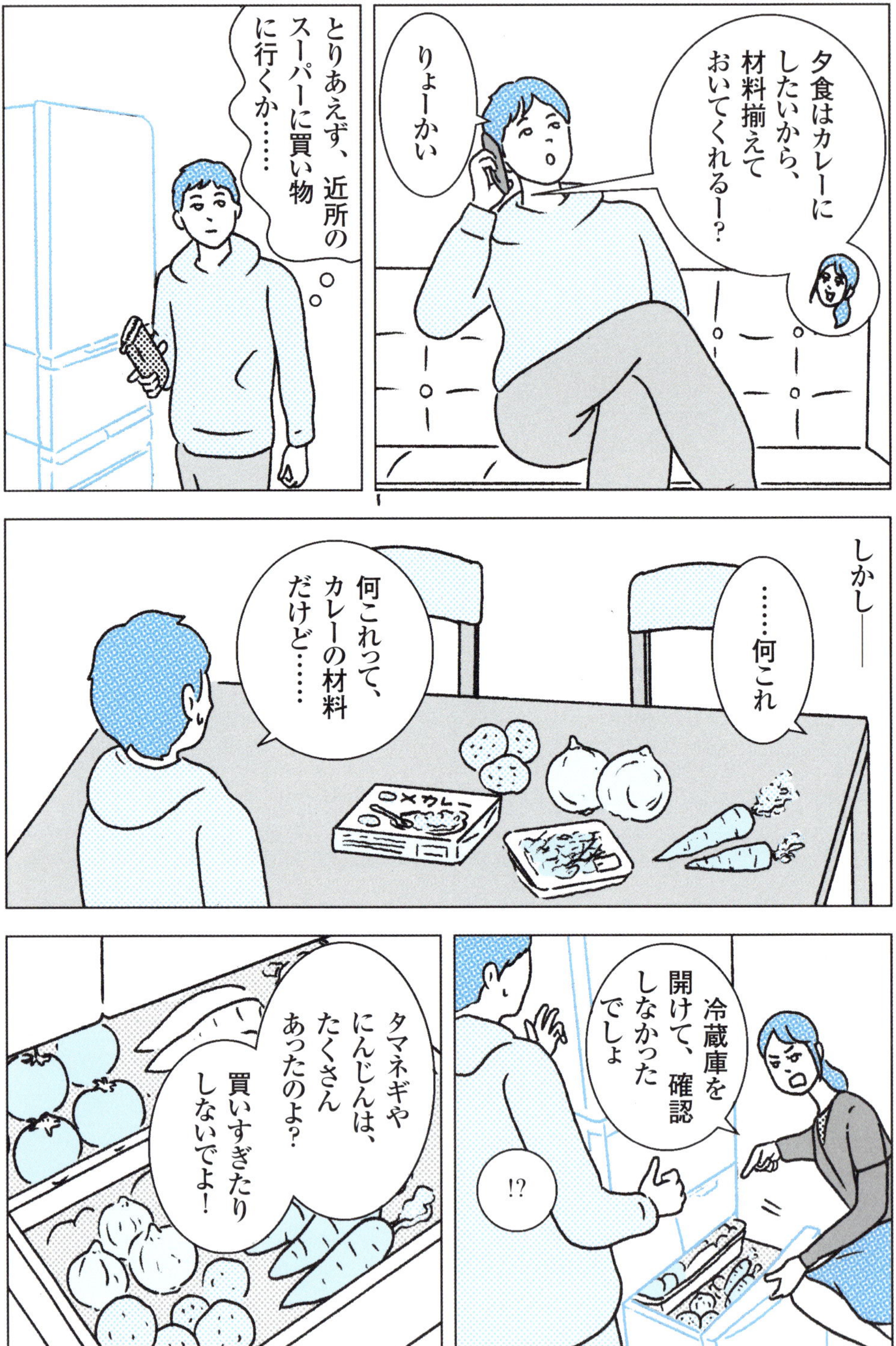

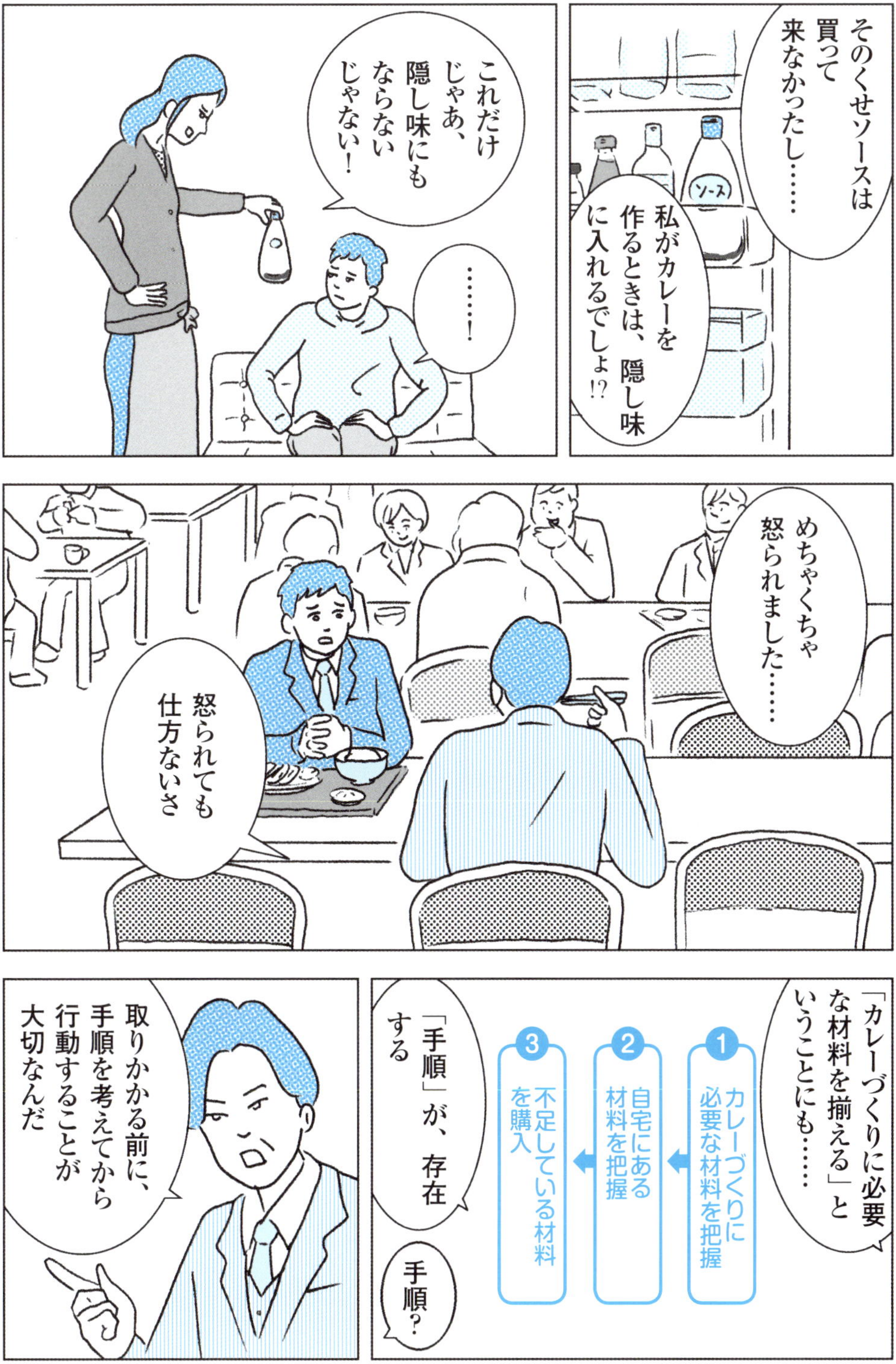


次ページから手順を明確にするノウハウのご紹介です←

# 仕事の「手順」を明確にしよう

## 「実施すべきこと」と「その順番」が「手順」

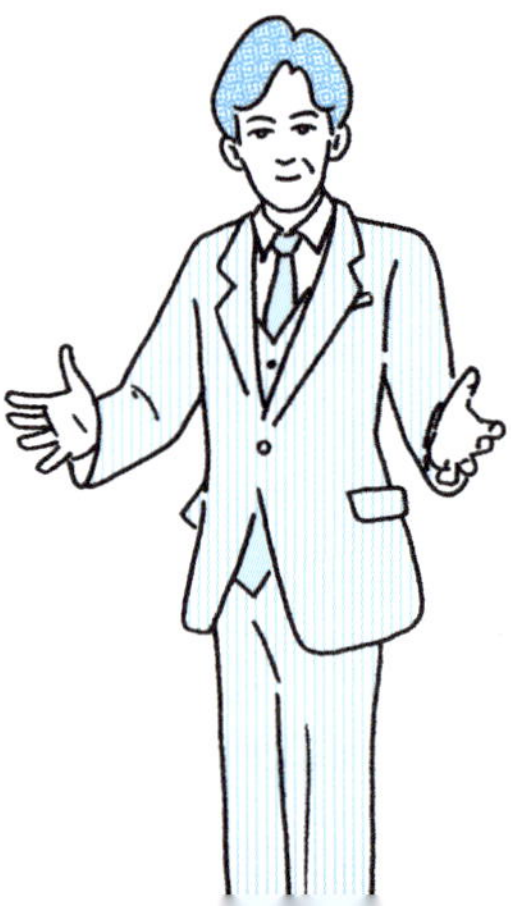

「最終的なアウトプット」を出すために「実施すべきこと」と「その順番」が「手順」です。トヨタの仕事術では、仕事を進める前に手順を考えてから行動することで、よりやり直しを少なくすることができると考えます。

ところが、仕事をするときに、手順は意外に意識されていません。もちろん、ぼんやりとはあるのかもしれませんが、手順を考えずに「とりあえず」で仕事を進めてしまう人が多いのではないで

**図表1 目的・目標を達成するための手順イメージ**

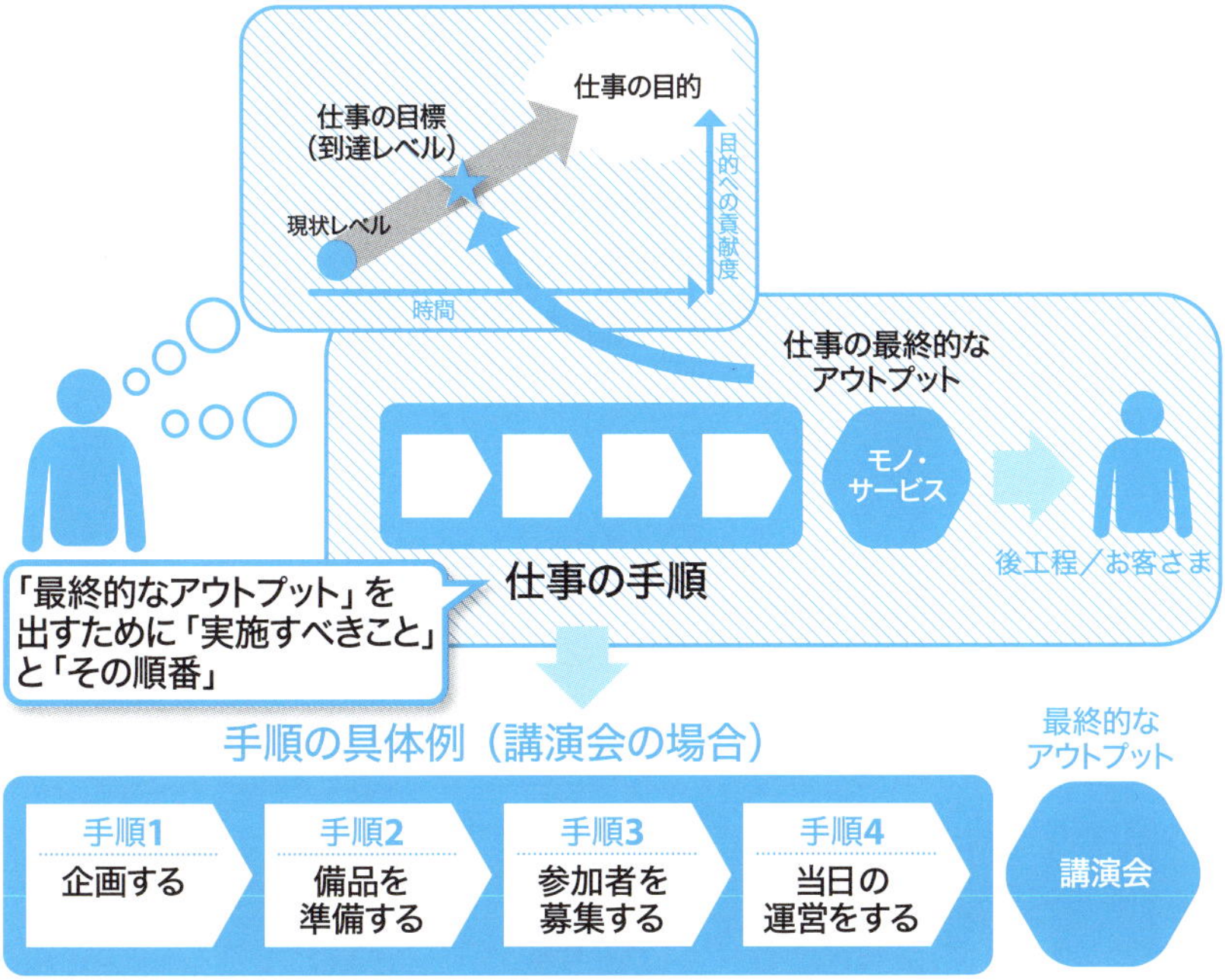


しょうか。

不思議なもので、しっかりと手順を考えておらず、順番はバラバラなのに、それなりの結果が出てしまうことがあります。ぼんやりとしたやり方でも、それなりに仕事はできてしまうのです。

しかし、いつもうまくいくとは限りません。それは、たまたまうまくいったに過ぎない、ということが多いのです。

大切なことは、手順をしっかり考えたうえで仕事を進めることです。そうすることで、手順がしっかり構築できるようになります。それぞれの手順で精度を上げていくことで、結果につなげていくことができます。

そうすることで無計画のまま仕事を行い、何度もやり直すことになり、結局、希望納期に間に合わなかった、などということが、起こらなくなっていくのです。

## 後工程の「お客さま」が何を求めているか

手順が大切なのは、後工程の「お客さま」に効率的に質の良いアウトプットを提供するためです。そのためには、事前に「お客さま」が求めていることを意識し、手順を考え、それを明確にして、計画を立てることが重要になります。

やみくもに自分の都合の良い手順を作っても、うまくはいきません。後工程の「お客さま」が何を求めているか、理解をすることが大切です。

また前任者のノウハウが蓄積されていれば、それを活用することができます。繰り返す仕事は効率的に行い、より付加価値を高めるために時間を割くことが可能になります。

では、「仕事の手順」を明確にするときの、11のノウハウを挙げておきましょう。

### 「仕事の手順」を明確にするときの11のノウハウ

1. 前回までの仕事の手順を確認する
2. 前回までの問題点とうまく進められたことを把握する
3. 前回からの変化点を考え、変化に対応する手順を考える
4. 仕事のシーンを思い浮かべる
5. まずは手順を大まかに考えてみる
6. 一般的な手順を参考に考える
7. 関係部署（関係者）を考え、各手順のつながりを考える
8. 他の同じような仕事の手順をベンチマーキングする
9. ゴールから各大まかな手順の実施タイミングを考える
10. リスクを想定し、対応策を手順に織り込む
11. 自分が行動できるレベルまで手順を分解する

ノウハウ 1

# 前回までの仕事の手順を確認する

過去に前任者がいたり、誰かがやったことのある場合は、前回までの仕事の手順を把握します。

例えば、前回の資料や電子データを確認したり、前回の担当者やその仕事の経験者に直接聞くことで、手順が明確になります。

ところが、ある程度の経験があったり、似たような仕事の経験があれば、やったことのない仕事でもできてしまうため、わざわざ前任者に聞かなくてもいい、と考えてしまう人がいます。できそうだと考えて自己流でやってしまう。

面倒でも、前回までの仕事の手順を確認することです。そこにはたくさんのヒントが詰まっているからです。

これまでのステップでも、前回までの仕事の確認が必

電子データを確認したり……
どんな風に進めました？
AしてからBしたのよ
前任者に聞いたり……

ず出てきましたが、これはトヨタの仕事術の特徴です。やみくもに仕事を進めない。まずは、一呼吸置き、きちんと以前の仕事に立ち戻ってから仕事をする。

そうすることで、非効率な仕事を防いでいくことができるのです。

ノウハウ 2

## 前回までの問題点とうまく進められたことを把握する

前回までの仕事で、「うまく進められなかったこと」や「苦労したところ」を把握します。前回までの資料や電子ファイルにこのような問題点が明記されていないか確認したり、前任者に直接確認するとよいでしょう。その改善策や再発防止策を手順に織り込んでいきます。

そうすることで、同じ失敗をしないために、どうすればいいのか、ということが見えてきます。逆にいえば、この確認をしていないと、また同じ手順を踏んで、同じ失敗をしてしまう可能性があります。これが生産性を大きく落とすのです。

また、「うまく進められたこと」も把握し、手順に織り込むことができれば、より手戻りの少ない手順が見えてきます。

# ノウハウ 3
# 前回からの変化点を考え、変化に対応する手順を考える

前回の手順があった場合、前回と今回で何が変わっているのか、という変化点を洗い出します。そして、洗い出された変化点に対応する手順を考えます。ミスが起きたり、トラブルになるのは、変化点が原因になることが少なくありません。逆にいえば、変化点さえしっかり把握し対応しておけば、ミスやトラブルの多くは未然に防ぐことができます。

身近な例で説明すると、いつも持ち歩いている鞄から、出張用の鞄に変えた。鞄を変えるというのは、大きな変化点です。このために、オフィスや事務所に出入りするための従業員証を忘れてしまう、といったことが起きる。いつものパターンでないことが起きてしまうのです。

**図表2｜イベント開催の変化点を5W1Hで考える例**

| | | |
|---|---|---|
| Who | 誰に | 対象としていたお客さまが変わる |
| Why | なぜ | 目的が商品の告知から販売促進に変わる |
| What | 何を | 展示会が発表会に変わる |
| Where | どこで | イベント会場の場所が変わる |
| When | いつ | 実施時期が春から夏に変わる |
| How | どのように | 物から人を介在した伝え方に変わる |

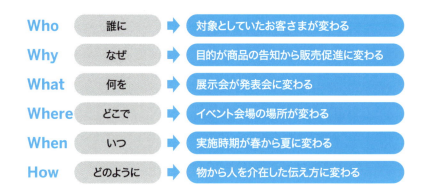

変化点を考えるときは、「5W1H」などで考えると、モレが少なくなります。

ノウハウ 4

## 仕事のシーンを思い浮かべる

手順のモレを少なくする方法の一つに、仕事のシーンを思い浮かべる、があります。例えば先ほどの会議の予約であれば、会議の最初から最後までを頭の中で思い浮かべます。

細かな手順を思い浮かべるよりも、影響度の大きいところ、失敗したら困るところを注意するようにします。

思い浮かばない部分があれば、関係者に相談したり、一緒に議論しながら明確にしていくことができます。

会議の冒頭を思い浮かべると……
目的を説明して……
目標を合意して……
最終アウトプットを決めて……
進め方を相談する

ノウハウ5

# まずは手順を大まかに考えてみる

最終的なアウトプットを出すまでに実施すべきこと（作業）、作成するものを大まかに考えていきます。大きな枠組みで捉えていくということです。

例えば「会議の実施」の手順を大まかに考えると、「会議室予約（作業）」→「会議案内（作成）」→「会議資料作成（作成）」→「会議運営（作業）」→「議事録作成（作成）」などになります。

大まかな手順は、五～一〇くらいの仕事に分けて考えます。

図表3 会議の実施

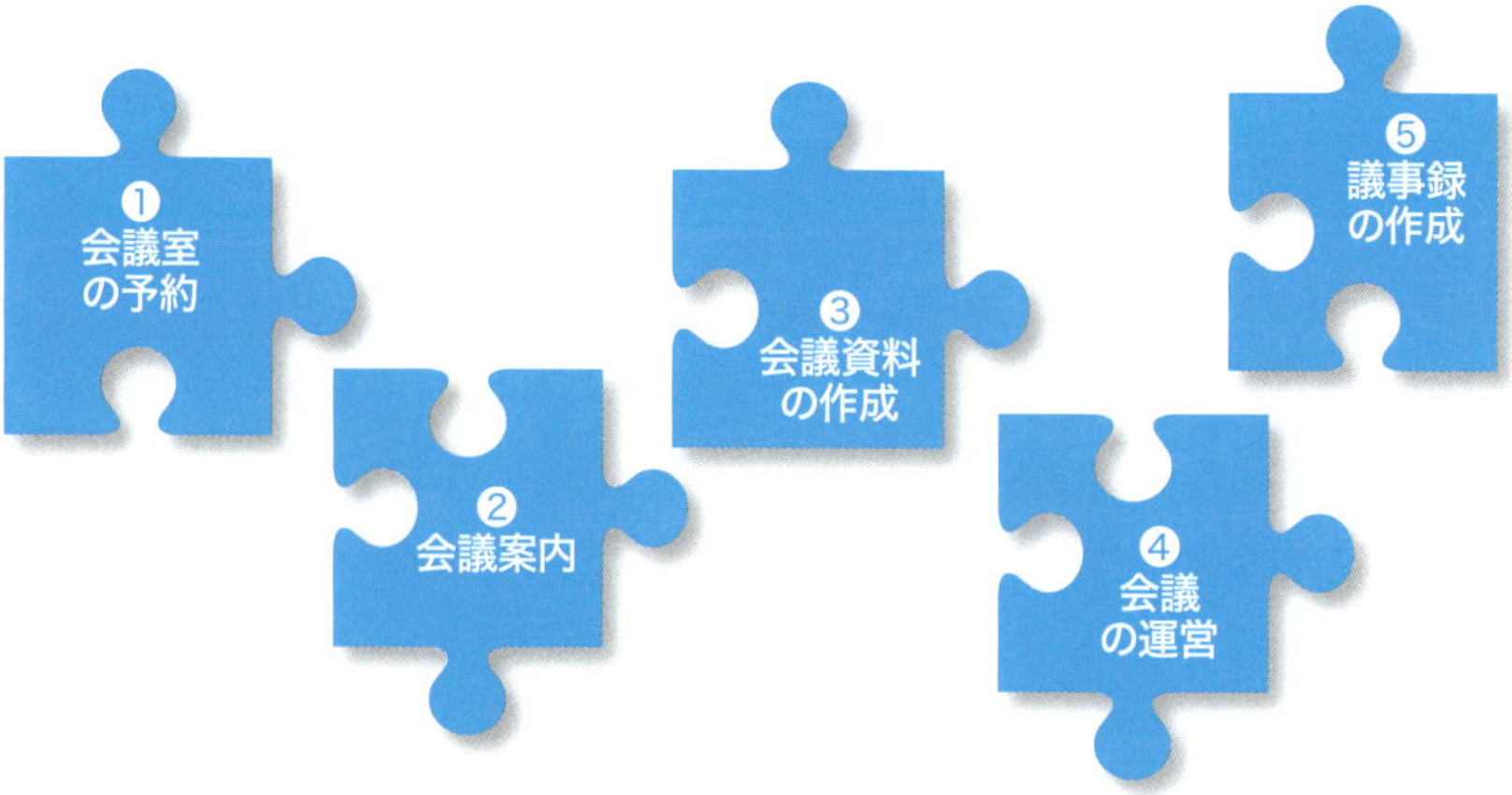

## ノウハウ 6
# 一般的な手順を参考に考える

一般的に言われている手順には、例えば「企画」「準備」「実施」「振り返り」があります。こうした一般的な手順や問題解決のステップが、大まかな手順に当てはまる仕事もあります。

大まかな手順がイメージしにくいときや、イメージできないときには、一般的な考え方を参考にすることができます。

一般的な手順を考え、自分のやろうとする仕事に当てはめてみるのも、一つの方法です。

図表4｜一般的な仕事のステップ例

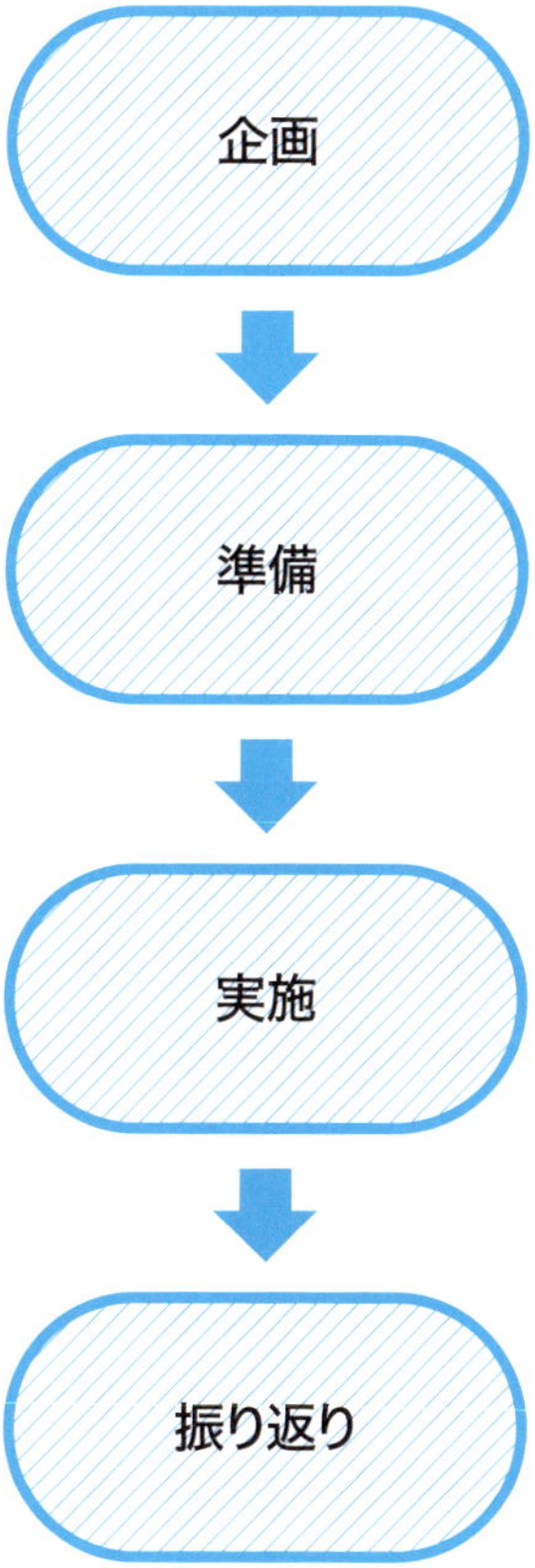

# ノウハウ7 関係部署（関係者）を考え、各手順のつながりを考える

自分の仕事の前後の工程や誰が関わってくるのかを考えることで、大まかな手順が明確になります。

例えば、講演会を実施するとき、告知をする仕事を自分が担当するとすれば、前後にはどのような人が関わり、どのような仕事があるのか。それを考えることで、自分のやるべきことが見えてきます。

とりわけホワイトカラーの仕事は、一人でやっている仕事はほとんどありません。必ずどこかから情報をもらったり、誰かに情報を送ったりしています。

そのため、関係部署や関係者を整理することで、大まかな手順は図のようなチャートになり、時系列でやるべきことを整理するだけではない、手順ができるようになります。

また、前後工程との情報やモノ・サービスのつながりを考えることで、自分の仕事の手順がより明確になっていきます。

**図表5 関係部署を考え各手順のつながりを考える例(講演会開催の場合)**

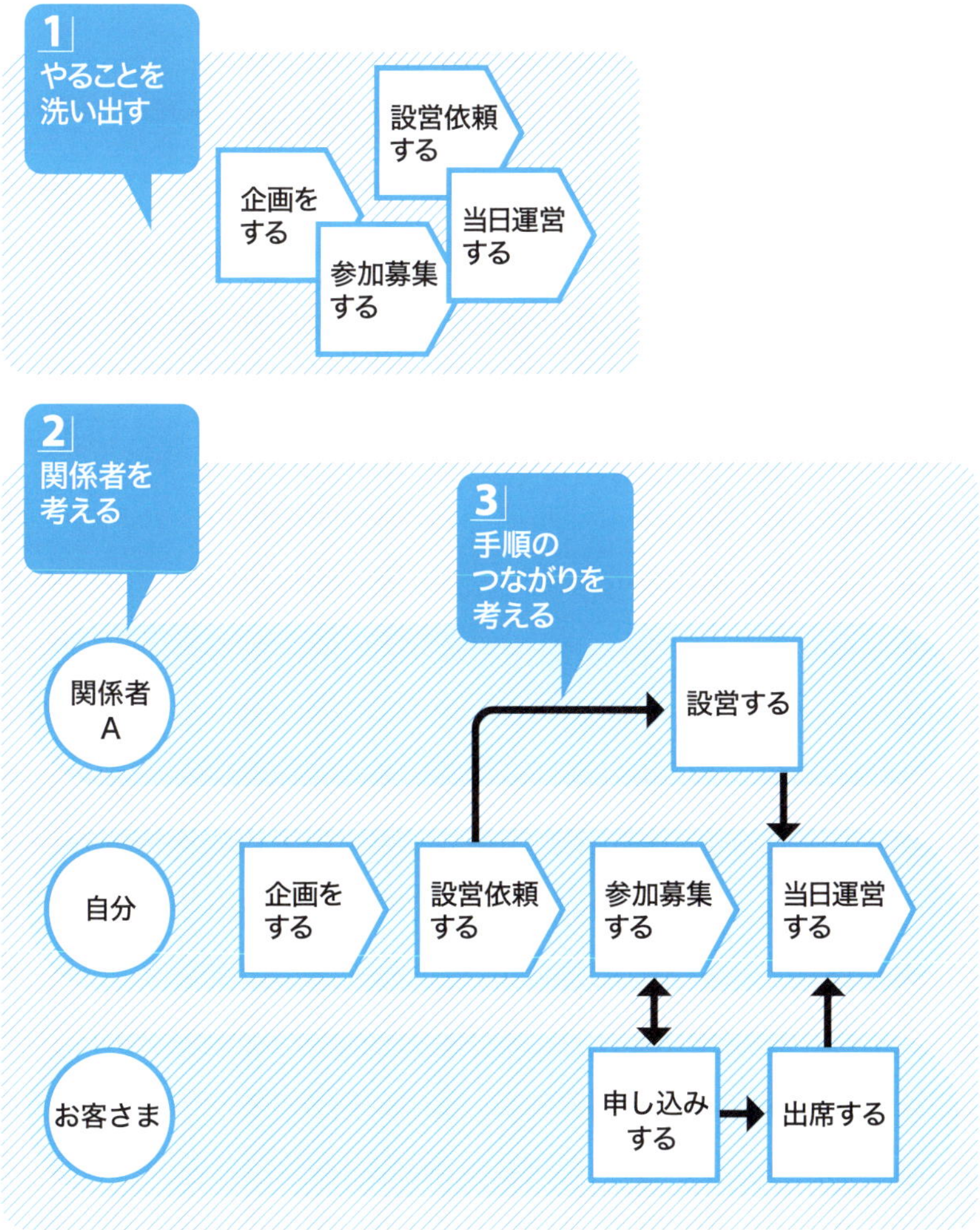

## ノウハウ 8
# 他の同じような仕事の手順をベンチマーキングする

はじめて実施するような仕事でも、他の人や他部署・他社が同じような仕事をしていることが多々あります。

同じアウトプットを目指していますが、例えばとても効率的に速くうまくやっているところがあるかもしれません。その場合は、参考にすることで、手順はより良いものにしていくことができます。

他に同じような仕事はなかったか、他部署で同じような仕事を実施していないかを確認し、あれば手順をベンチマーキングするのも、一つの方法です。

## ノウハウ 9
# ゴールから各大まかな手順の実施タイミングを考える

仕事のゴールから大まかな手順の実施タイミングを考えます。そのためには、それぞれの手順にかかる時間を把握します。そうすることで、最終的なアウトプットの納期を守りやすくなります。

例えば日常でいえば、ある映画を鑑賞するとします。まず映画の開始時間を把握します。その開始時間からさかのぼり各大まかな手順を考えると、「一〇時二〇分から映画を観る」↑「一〇時に映画館到着」↑「バスで移動（四五分）」↑「バス停まで歩く（一五分）」↑「外出準備（六〇分）」↑「八時起床」となります。

大切なことは、ゴールから逆算して、大まかな手順のタイムスケジュールを考えていくということです。仕事のスパンが長くなればなるほど、ゴールを考えずに、目の前のやるべきことに追われてしまうようなことが起きがちです。これでは、納期を守れないリスクが高まります。

納期に遅れてしまうと、前後工程の「お客さま」にも迷惑をかけることになります。

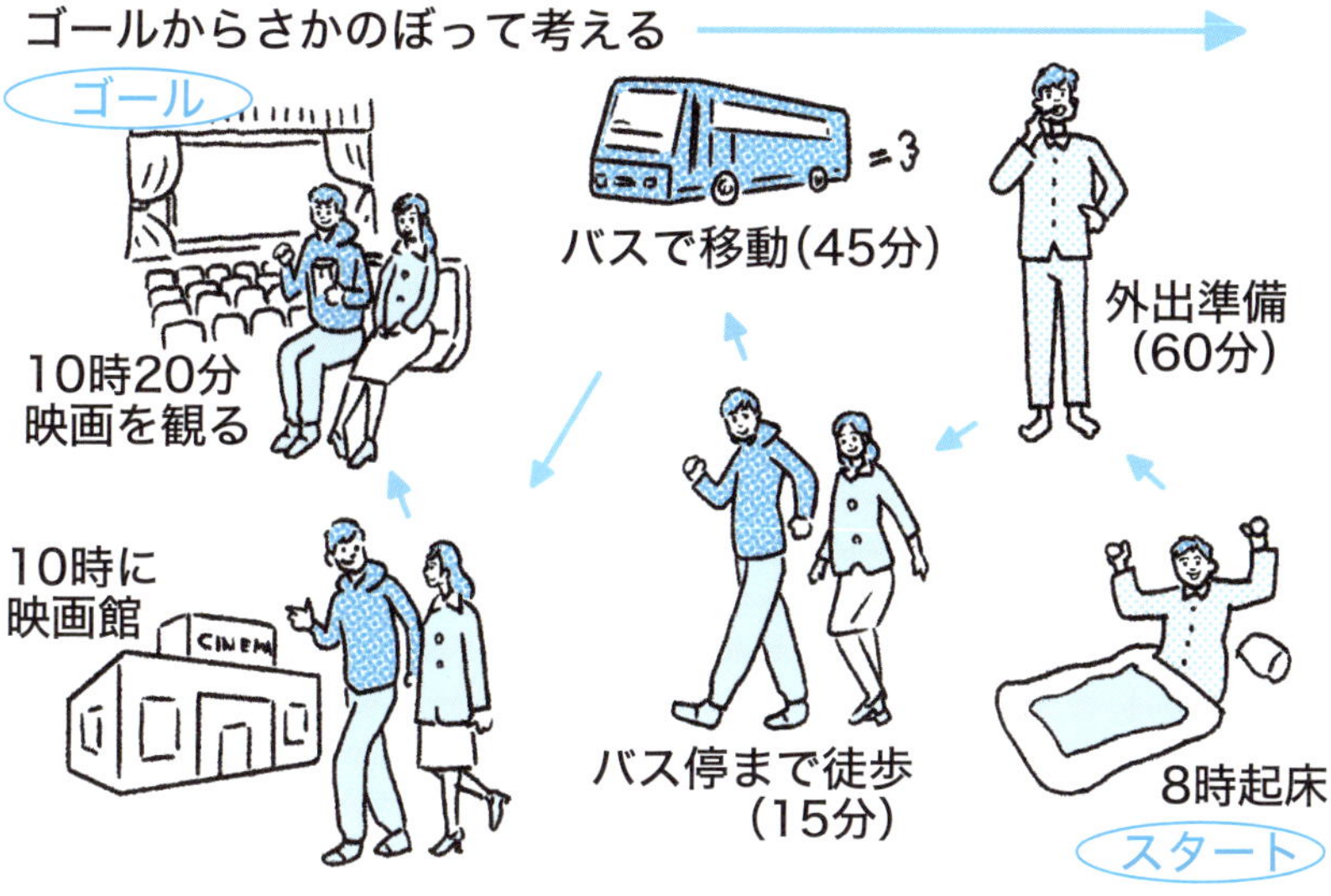

ゴールからさかのぼって考える
ゴール
10時20分
映画を観る
バスで移動（45分）
外出準備
（60分）
10時に
映画館
CINEMA
バス停まで徒歩
（15分）
8時起床
スタート

ノウハウ 10

# リスクを想定し、対応策を手順に織り込む

うまくいかない場合があるというリスクを想定し、その対応策を手順に織り込んでおきます。

過去に起きたことに対しての再発防止については先に触れましたが、これから起きるかもしれないことについても意識し、もしこんなことがあればこうすればいい、という準備をしておきます。そうすることで、やり直しの少ない手順になります。

電車がもしかしたら遅れるかもしれないから、二本前の電車でアポイントに向かおう、というのは、まさにこの考え方です。

納期や実施日が遅れると、仕事に大きな影響を及ぼす手順については、特に注意しなければなりません。仕事のアウトプットがよしとならなかった場合、手順が大きく戻ってしまう仕事を考えます。例えば、企画書をグループ長に決裁してもらえない可能性を考え、二案準備して決裁に臨む。お客さまへの報告の時間を一時間確保したけれど、お客さまが遅れてきたときのことを考えて三〇分で報告する手順を考えておく、などです。

すべてがうまくいくと安易に考えず、うまくいかなかったときに、すぐに手順を戻せるリスク対応策を織り込んでおくことが大切です。

ノウハウ 11

## 自分が行動できるレベルまで手順を分解する

過去に自分が経験したことのある仕事は、自分が行動できるレベルの手順を理解しています。そのため、深く考えなくても、やり直しのない手順で進めていくことができます。

一方で、過去に経験したことのない仕事は、手順をしっかり考えてから行動することで、やり直しを少なくすることができます。

例えば「会議室を予約する」仕事は、ベテランはわざわざ手順を考えなくても、できてしまいます。しかし、新入社員であれば、そうはいきません。

会議の当日に「全員が入れないじゃないか」「あれ、機材が足りないぞ」などの手戻りを起こさないためにも、自分が行動できるレベルまで手順を分解しておく必要があります。「出席人数把握」→「必要な機材把握」→「出席者の参加できる日時把握」→「会議室の空室把握」→「会議室予約」などの手順を考えてから行動することで「会議室予約」のやり直しを少なくできます。

会議室予約は一つの例ですが、初歩的な仕事でも、自分ができると思って過信し、分解せずにやるとヌケやモレが起きてしまいます。自分が行動できるレベルまで、手順を分解することは極めて重要なことです。

**手順を明確にするノウハウを学んだ豊川クンを見てみましょう⬅**

次の週末――
夕食用の食品、買ってきてくれる!?
ビーフシチューを作りたいの
あ、でもまたテキトーに買って来ちゃうかな……。
わかった、ビーフシチューだね!
必要な材料は、牛肉とじゃがいもと
……あと、なんだっけ?
!?
行く前にちゃんと、冷蔵庫の中身も確認しないとね
よぉし……これだけ買えば、材料が揃うな!
共有できた手順をもとに、必要な食材《もの》だけを買ってきたよ
でもまだ、「一緒にビーフシチューを作る」手順の……
途中までを実行したにすぎない
!?

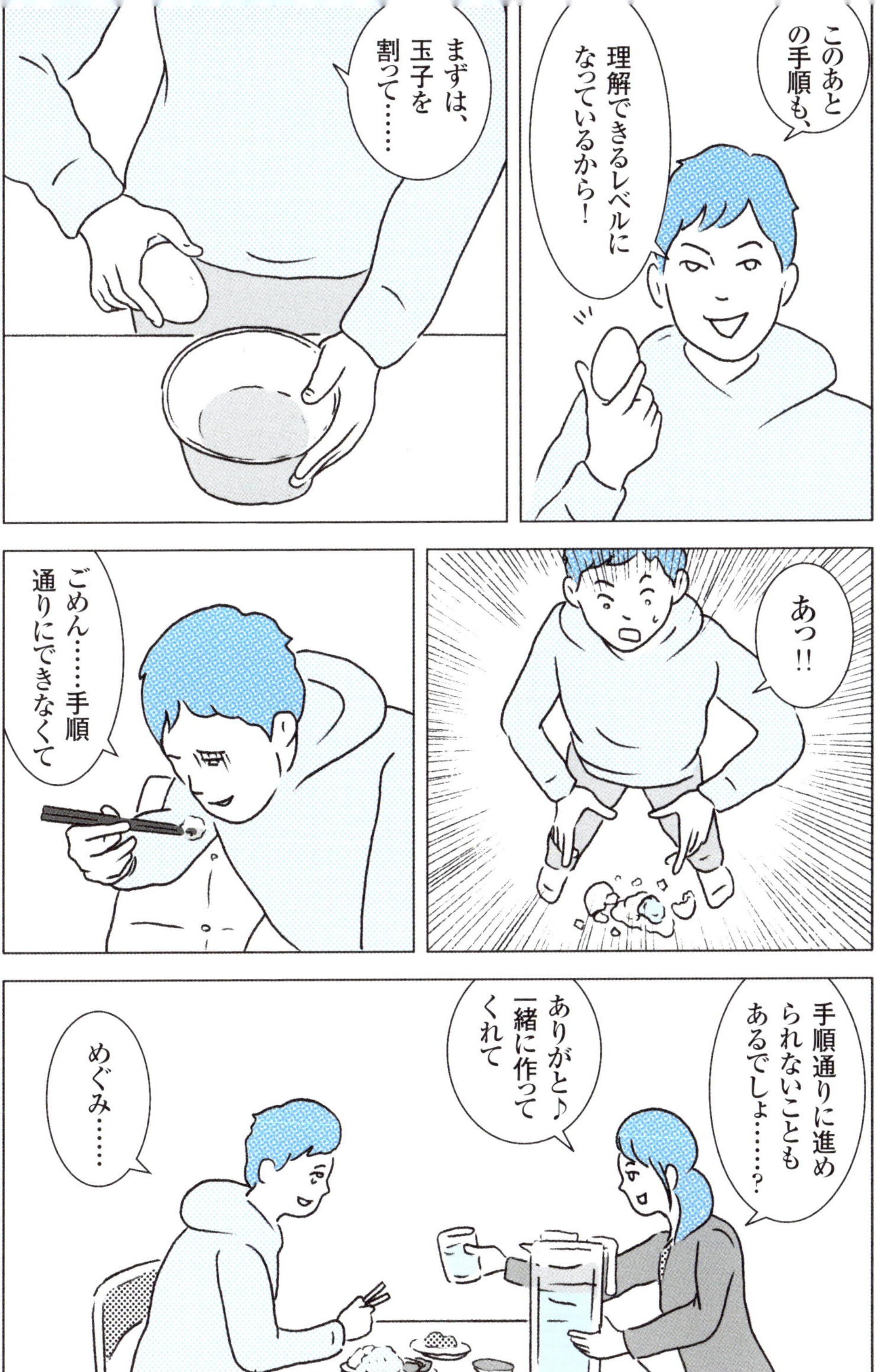


次ページは、手順のポイントまとめです←

Point 3 仕事の手順を明確にする

## Point3のまとめ

仕事を行う際に最もやってはいけないのは、何も考えずに無計画のまま仕事を実施してしまう、いわゆる「とりあえず」で進めてしまうことです。

結果として、仕事にヌケやモレがたくさん発生してしまい、何度もやり直しをしなければいけなくなるようなことになりかねません。

仕事を進める前に手順をしっかり考えてから行動することで、やるべきことがきちんと見えてきます。また、どんな人や部署と関わるのか、ということもイメージできるようになります。

自分が行動できるレベルの手順に落とし込む。ここから仕事は始める必要があるのです。

Point 4



# 要所・要所で「これでよし」と判断できる基準を明確にする

この章では……

オフィスの仕事をすばやくムダなく進めていくのに重要なことは、精度の高い判断ができるかどうかにかかっています。ところが、意外にその判断の基準は曖昧なことが多いのです。豊川クンは、ある会食からそのことを学びます。ここでは、「これでよし」と判断できる基準を明確にするためのノウハウを４つ紹介します。

大事な取引先との会食について、相談中の豊川クン

前回の会食の回想シーン

次ページから判断基準を明確にするノウハウのご紹介です←

**Point 4** 要所・要所で「これでよし」と判断できる基準を明確にする

# 「これでよし」と判断できる基準を明確にしよう

## 仕事の要所・要所で判断基準を設定する

仕事の要所・要所で次の手順に進んで良いかを判断する基準が「判断基準」です。手順に従い、「これでよし」と判断し、次の仕事に進むことで、最終的なアウトプットが不良になったり、やり直しを少なくすることができます

例えば、パスポートの申請書に貼る写真には、多くの判断基準が設定されています。「六カ月以内に撮影」や「縦四五ミリ横三五ミリ」など数多くの基準があります。その基準に満た

**図表1 各手順と判断基準の位置づけ**

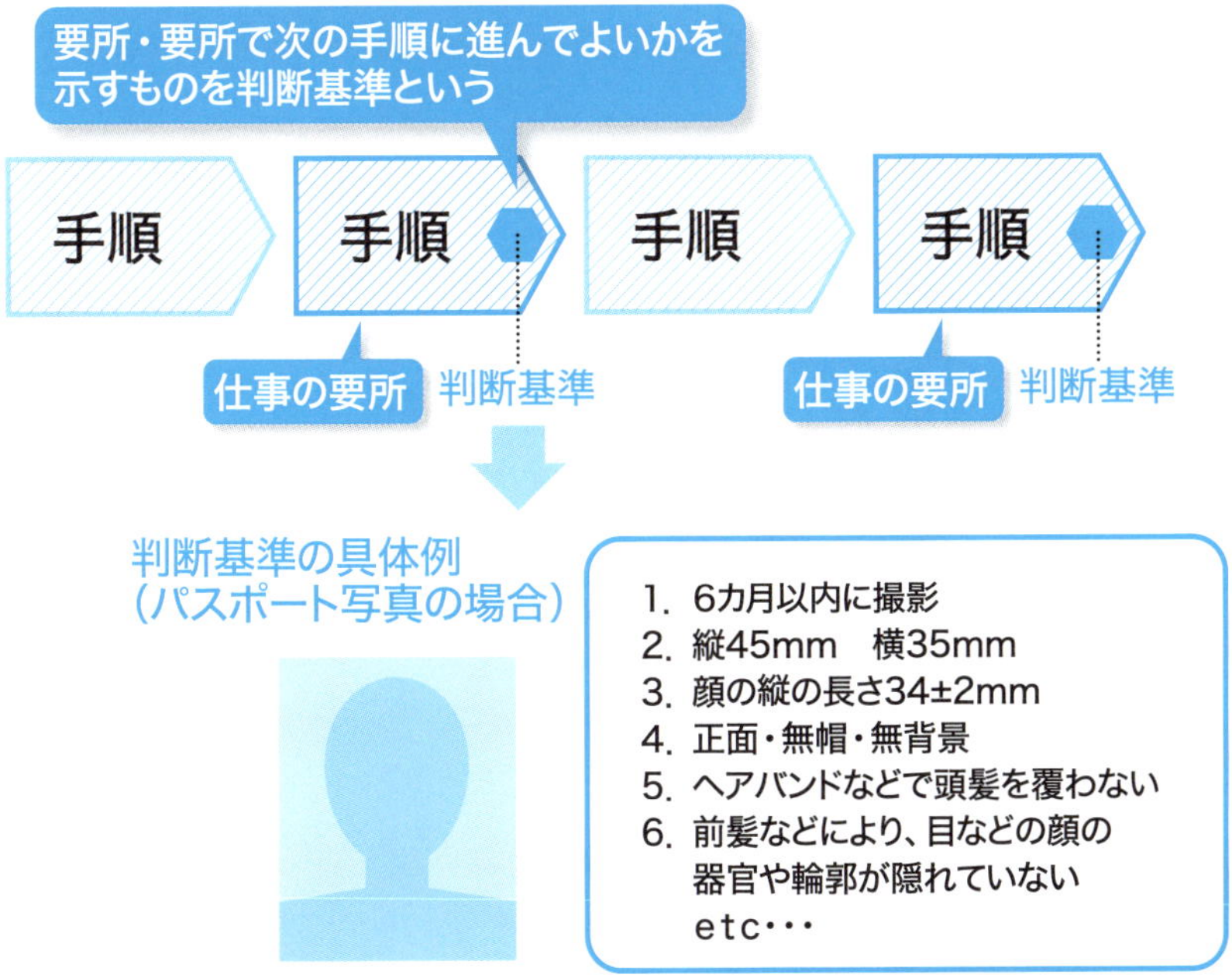
要所・要所で次の手順に進んでよいかを示すものを判断基準という
手順
手順
手順
手順
仕事の要所
判断基準
仕事の要所
判断基準
判断基準の具体例（パスポート写真の場合）
1. 6カ月以内に撮影
2. 縦45mm 横35mm
3. 顔の縦の長さ34±2mm
4. 正面・無帽・無背景
5. ヘアバンドなどで頭髪を覆わない
6. 前髪などにより、目などの顔の器官や輪郭が隠れていない
etc・・・

ない写真を申請書に貼り提出した場合、申請書を受理してもらえず再度写真を撮り直すことになってしまいます。手戻りすることで、場合によっては海外出張手続きにパスポートが間に合わないなどの問題が発生してしまいます。

## 無駄な情報を集めることもなくなる

工場の生産現場では、極めてシビアで細かな作業の積み重ねが行われます。その一つひとつには、「これでよし」と判断できる基準があります。

それに対して、ホワイトカラーの仕事はどうしても大ざっぱなものに見える。それは、しっかりとした「これでよし」と判断できる基準が作られていないからです。

また、情報ばかり集めて、「これでよし」と判断できる基準が決められないケースもよくあります。とにかく準備ばかりに時間がかかる。

結局、「これだけ長くみんなの意見を聞いて検討したのだから、正しいに違いない」といった判断基準がはっきりしないなかで意思決定が行われたりする。

実際、上司がなかなか意思決定できないケースがよくあります。部下からの報告を聞いていると心配になり、ますます情報が欲しくなってくる。判断するためにはさほど重要でないことまで、聞きたくなってしまう。

時間がかかり、スピードを阻害する原因になります。部下は本来、調べなくてもいいようなことまで調べさせられて、生産性を大きく損ないます。

上司が腹を決めて決断するためにも、「これでよし」と判断できる基準は重要なのです。

では、「これでよし、と判断できる基準」を明確にするときの、**四つのノウハウ**を挙げておきましょう。

**「これでよし」と判断できる基準を明確にするときの、4つのノウハウ**

1. 前回までに設定されていた判断基準を確認する
2. 前回までの問題点を把握し、再発防止策を考える
3. 失敗したら影響の大きい手順（要所）から優先して判断基準を考える
4. 客観的な判断基準を考える

ノウハウ
1

## 前回までに設定されていた判断基準を確認する

前任者がいたり、過去に仕事が行われていたりした場合は、前回までに設定されていた「これでよし」と判断できる基準を確認します。前回の資料や電子データを確認したり、前回の担当者やその仕事の経験者に直接確認することで、各手順の判断基準が明確になります。

過去の仕事の「これでよし」と判断できる基準は、仕事を正しく進めるうえでの大きなヒントになります。

もし過去の判断基準がない場合、今後の仕事のしやすさを考え、「これでよし」と判断できる基準を記録として残しておくことは後任に大きなプラスとなります。

ここで重要なポイントは、最後のアウトプットが出てきたときに判断をするのではなく、手順の一つひとつ、あるいは要所・要所で「これでよし」と判断できる基準

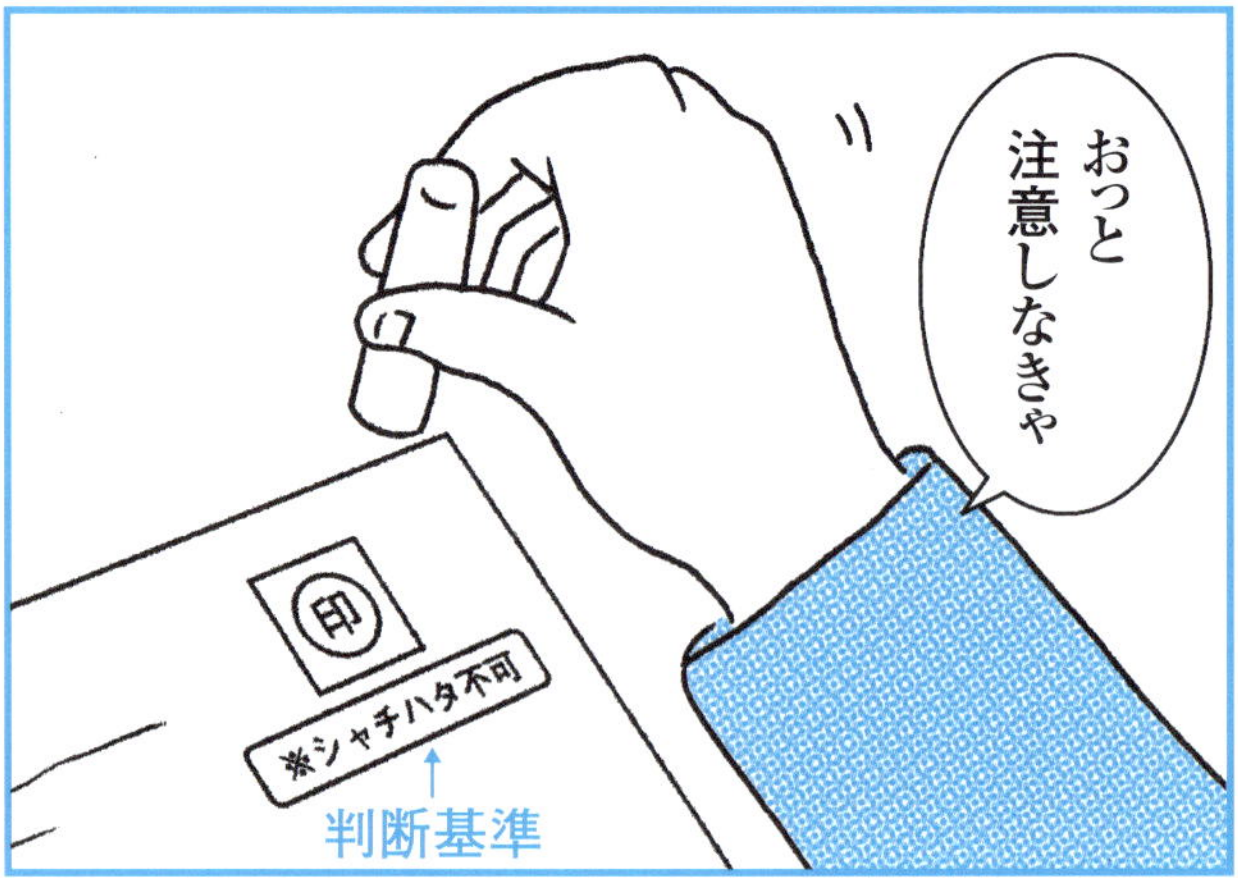

を残しておくことです。

最後のアウトプットが出てきたときに判断するのではなく、手順の要所で判断することで、後戻りをせずに済んだり、やり直しにならない仕事につながります。

ノウハウ 2

## 前回までの問題点を把握し、再発防止策を考える

前回までの仕事の進め方で、「うまく進められなかったこと」や「苦労したところ」を把握します。そして、その再発防止策を考えることで、正しい判断基準が明確になります。

例えば、海外出張者の法人カード申し込みのケース。海外出張の費用精算には法人カードを使用する必要があり、海外出張者は全員この法人カードの申請をしないといけないとします。

その申請では、申請し直しが多発していました。自身が開設している銀行口座の登録印を捺印しなければいけないところに、過去多くの人が、会社で使っている他の認め印をつい捺印してしまうのです。

過去の問題点を把握し、「記載した銀行口座の登録印であること」との判断基準を明確にすることで、やり直しを防ぐことができるようになります。

ノウハウ 3

# 失敗したら影響の大きい手順（要所）から優先して判断基準を考える

過去発生した問題を把握する一方で、もう一つ大事なことは、失敗したら影響の大きい手順について、しっかり意識しておくことです。

判断基準を明確にする目的は、仕事のやり直しや後戻りを少しでも減らすことです。このとき、何がそれをもたらす可能性が高いのか、頭をめぐらせる必要があります。

すべての手順で判断基準を考えていたら、時間がかかってしまいます。まずは、要所・要所で、判断基準を明確にしないといけない仕事を考えます。そのとき、「納期や実施日が遅れると、仕事に大きな影響を及ぼす手順はどこか」にフォーカスします。

例えば、海外での会議に出席するために、パスポート申請をすることになったとします。申請期限が迫り、申請にミスがあると会議に出席できなくなる危険がある。

パスポート申請において途中で何か問題が起きたとき、手順が大きく戻ってしまうものは何か、を考えることで、特に判断基準を明確にしなければいけない手順がはっきりします。

パスポート申請なら、それは「写真」でしょう。添付する写真には、間違いなく本人を認定するために、たくさんの基準が設けられています。

この基準を把握しないまま写真撮影し、パスポート申請をした場合、もう一度写真を撮り直しになってしまうリスクが高まります。パスポート写真の基準をしっかり把握してから、写真撮影しなければならないということ。

失敗したら影響の大きな手順を特に優先して意識し、判断基準をしっかり捉えることで、ミスを防ぐことができるようになるのです。

## ノウハウ4 客観的な判断基準を考える

判断基準には、一つの落とし穴があります。それは、人によって判断が異なってしまうケースがあるということです。

そこで判断基準を定める際に注意しなければならないことは、人によって判断が異ならない客観的な基準を設定することです。

図表2｜失敗したら影響の大きい手順（要所）の具体例（パスポート申請の場合）

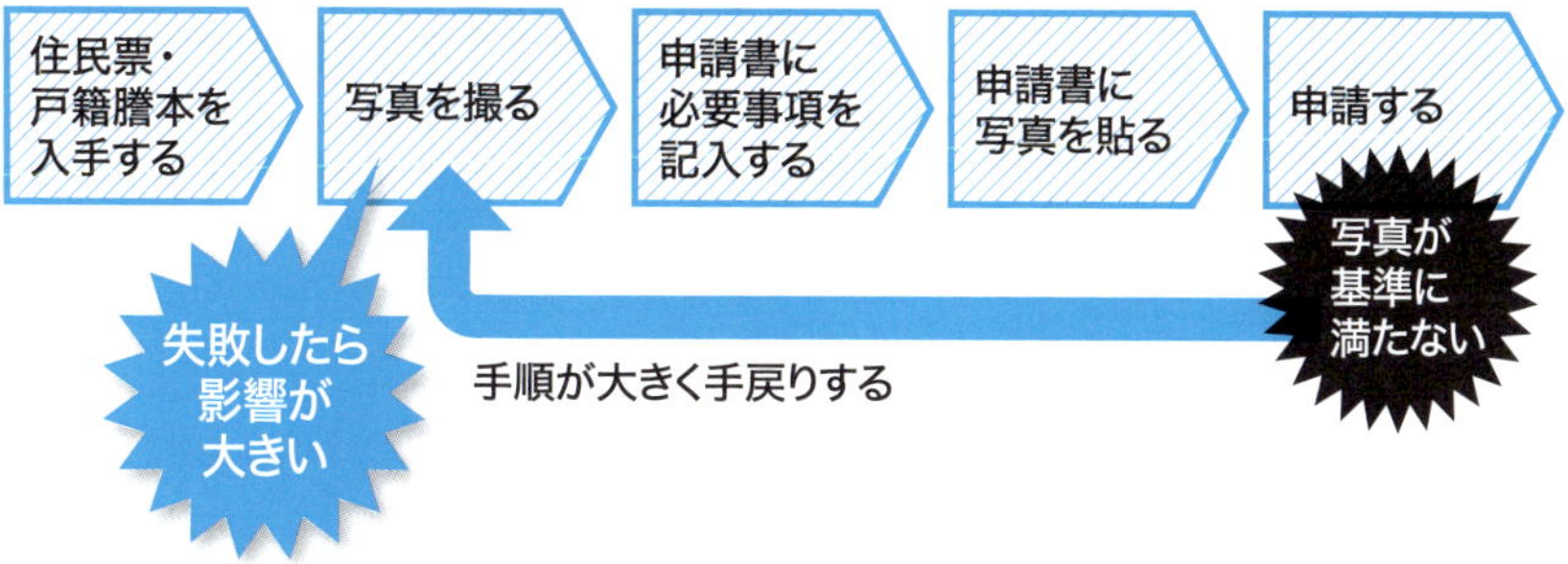
住民票・戸籍謄本を入手する
写真を撮る
申請書に必要事項を記入する
申請書に写真を貼る
申請する
写真が基準に満たない
手順が大きく手戻りする
失敗したら影響が大きい

**Point 4** 要所・要所で「これでよし」と判断できる基準を明確にする

一つは、数字などを用いて、できる限り定量的な基準を設定すること。会議室を予約するときには、まず参加人数の把握が必要です。一〇人が参加するのであれば、一〇人以上入れる部屋、というのが判断基準です。ここで、大勢入れる部屋、などという客観的ではない基準を設定してはいけません。

また、数字などを用いない定性的な基準であっても、よりやり直しや後戻りにならない基準を設定することが大切になります。

例えば、「関係部署と合意

**図表3 人によって判断が異なる例 異ならない例**

| | 人によって判断が異なる例 | 人によって判断が異ならない例 |
|---|---|---|
| 会議室の予約 | 大勢が座れること | 50人が座れること |
| 企画書作成 | 必要項目にヌケ、モレがないこと | 必要項目<br>「問題点とその背景」<br>「問題の原因」<br>「解決策と実施計画」<br>「必要な予算」 |
| 申請書の作成 | 記入間違いがないこと | 「印鑑はシャチハタ不可」<br>（間違いやすいところを明記） |

されていること」という判断基準。このときは、「関係部署」とはどこか、はっきりさせておかなければなりません。また、「合意されていること」とは何かが、人によって異なる場合があります。

そこで、「A部、B部の部長と、○○について許可をもらうこと」という明確な判断基準を作ることで、仕事のやり直しや後戻りを少なくすることができます。

また、「記載内容に間違いがないこと」「モレなきこと」のように、当然と思ってしまう基準ではなく、実際に間違いやすいところやモレる箇所を明記することが有効です。

あらかじめ判断基準を明確にする大切さを知った豊川クンの仕事ぶりは…⬅

取引先との大切な会食の日です

接待相手が
来やすい店かどうか
その方の
好物が出るか
どうか
店の雰囲気はいいか
話がしやすいか
店のある街の雰囲気や
治安はいいか
予算を具体的に
設定することで
「これでよし！」
と判断するための
「基準」になる

次ページは、判断基準のポイントまとめです←

**Point 4** 要所・要所で「これでよし」と判断できる基準を明確にする

## Point4のまとめ

仕事の手順をはっきりさせると、そこには大事な手順が見えてきます。その要所・要所において、「これでよし」と判断できる基準を明確にしていく必要があると考えるのが、トヨタの仕事術です。

仕事をする際には、一つひとつ、これで進んでいいのか、という判断をしながら進んでいるものです。その判断基準をはっきりさせておくことが大切になる。

このとき、判断基準はできるだけ具体的なものである必要があります。曖昧な判断基準では、実際には判断ができないからです。

Point 5



# 各手順で必要なものを明確にする

この章では……

仕事を進めていくなかで各手順を実施するために必要なものが、タイミング良く揃うことで仕事は計画通り進めることができます。豊川クンは、各手順で必要なものをしっかり考えなかったために問題が発生したようです。ここでは各手順で必要なものを明確にできるノウハウを6つ紹介します。

新商品会議の準備をまかされる豊川クン…

次ページから必要なものを明確にするノウハウのご紹介です←

# 各手順で必要なものを明確にしよう

## 正しい結果を導き出すために必要なもの

各手順を実施するときに使う情報などを「必要なもの」と言います。

仕事の手順では、それぞれにおいて「必要なもの」があります。ベテランが仕事をするときには、そうした必要な材料をたくさん、広範囲にわたって出すことができます。それまでの経験があるからです。

しかし、まだ経験が浅いと、たくさんの材料を出すことができません。結果的に、アウトプット

**図表1 各手順と必要なものの位置づけ**

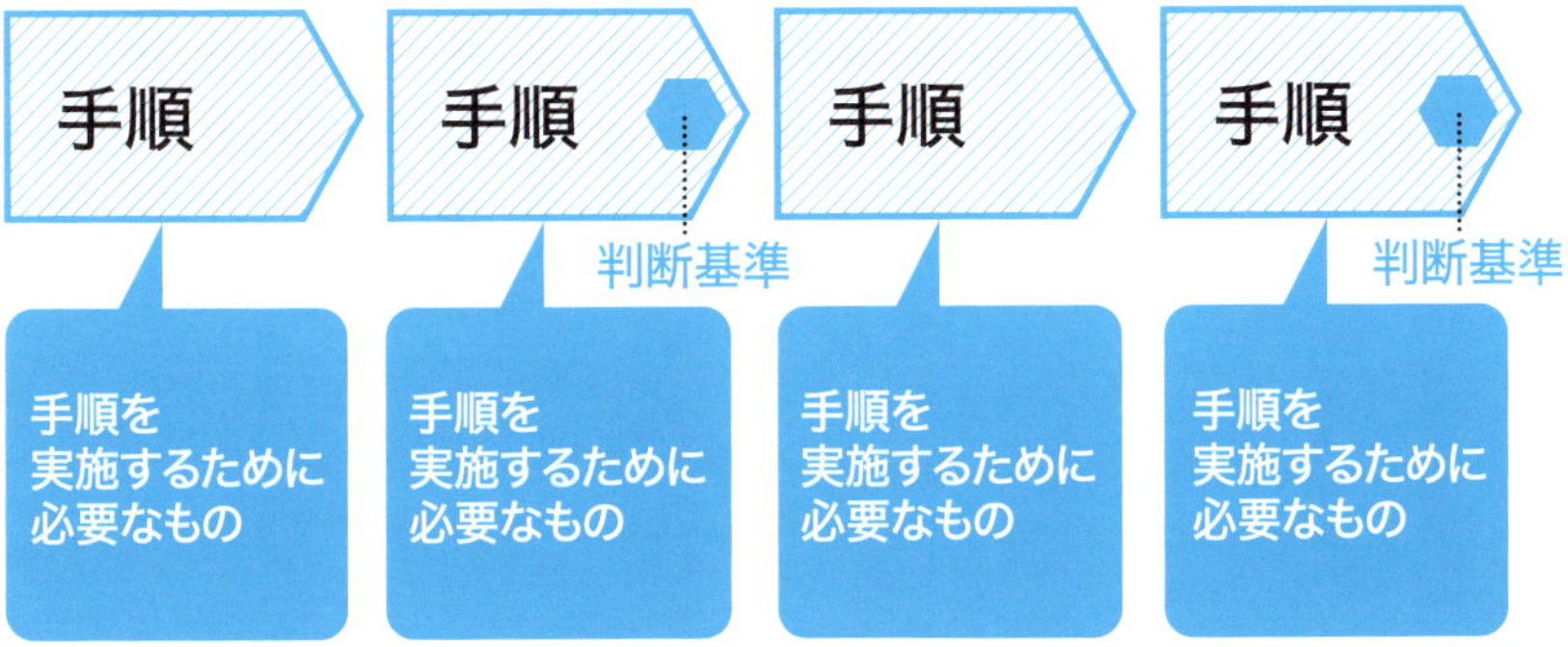


がうまくいかなくなるリスクが出てきます。

トヨタの工場では、正しい結果を導き出すために必要なものを「良品条件」と呼んでいます。これは、ホワイトカラーの仕事においても同じです。情報、道具、能力、注意点・理由といったものが、それに該当します。

そしてこれらは、手順ごとに求められます。手順ごとによしとなるアウトプットを出すために、その仕事に必要なものを明確にして仕事を進めることで、仕事のやり直しや後戻りを防ぐことができる、とトヨタの仕事術では考えます。

そのためにも、正しい結果を導き

出すために必要なものを、ヌケ・モレなくピックアップしていく必要があります。必要なものが揃っていないことがわかれば、アウトプットが不良になる前に仕事をストップすることができます。

## 各手順のやり直しを最小限にするための重要なポイント

トヨタの仕事術の原点が「豊田G型自動織機」にあることは、この本にも書きましたが、この織機の最大の特徴が、不良品を造る前に止まるメカニズムです。

ホワイトカラーの仕事では、各手順に必要なものが揃わなかったときに、仕事を止める（関係者に報告・連絡・相談する）ことで、その仕事がやり直しになることを防ぐことができるのです。

したがって、各手順で必要なものをヌケ・モレなく明確にすることは、仕事のやり直しを最小限にする重要なポイントです。

ここで必要なものの具体例を紹介します。

例えば、会議案内を作成しようとしたとき、「議題」や「開催日時」、「参加者」などの情報が必要になり、また、会議案内を作成する道具として「パソコン」を使うでしょう。

これら「議題」「開催日時」「参加者」「パソコン」などが必要なものとなります。

当然、会議案内の内容によっては、これ以外にも必要なものがあるでしょう。

では、「仕事の各手順で必要なもの」を明確にするときの、**六つのノウハウ**を挙げておきましょう。

**「仕事の各手順で必要なもの」を明確にするときの、6つのノウハウ**

1. 前回までの必要な「もの」を確認する
2. 前回までの問題点、うまくできたことを把握する
3. 「情報」「道具」「能力」「注意点・理由」の観点で考える
4. 仕事のシーンを思い浮かべてみる
5. モレがないか考える
6. 関係者と一緒に考える

ノウハウ 1

## 前回までの必要な「もの」を確認する

過去に同じような仕事があった場合は、前回までの各手順で必要だったものを確認します。

前回の資料や電子データを確認したり、前回の担当者やその仕事の経験者に直接確認することで、各手順で必要なものが明確になります。

ノウハウ 2

## 前回までの問題点、うまくできたことを把握する

前回までで「うまく進められなかったこと」や「苦労したところ」を把握し、その再発防止策を必要なものに織り込みます。

また、「うまく進められたこと」も把握し、必要なものに織り込むことで、正しい結果を導き出すためのヒントになります。

## ノウハウ 3
# 「情報」「道具」「能力」「注意点・理由」の観点で考える

各手順で必要なものは「情報」「道具」「能力」「注意点・理由」の観点で考えると、モレが少なくなります。

「情報」……前の工程にあたる人から受け取る情報など。

「道具」……指定の機器やソフトウェアなど。

「能力」……知識、スキル、特別な資格など。

「注意点・理由」……過去発生した問題、なぜ判断基準や必要なものが設定されたかその理由や注意

図表2 「会議室予約を担当する」場合なら

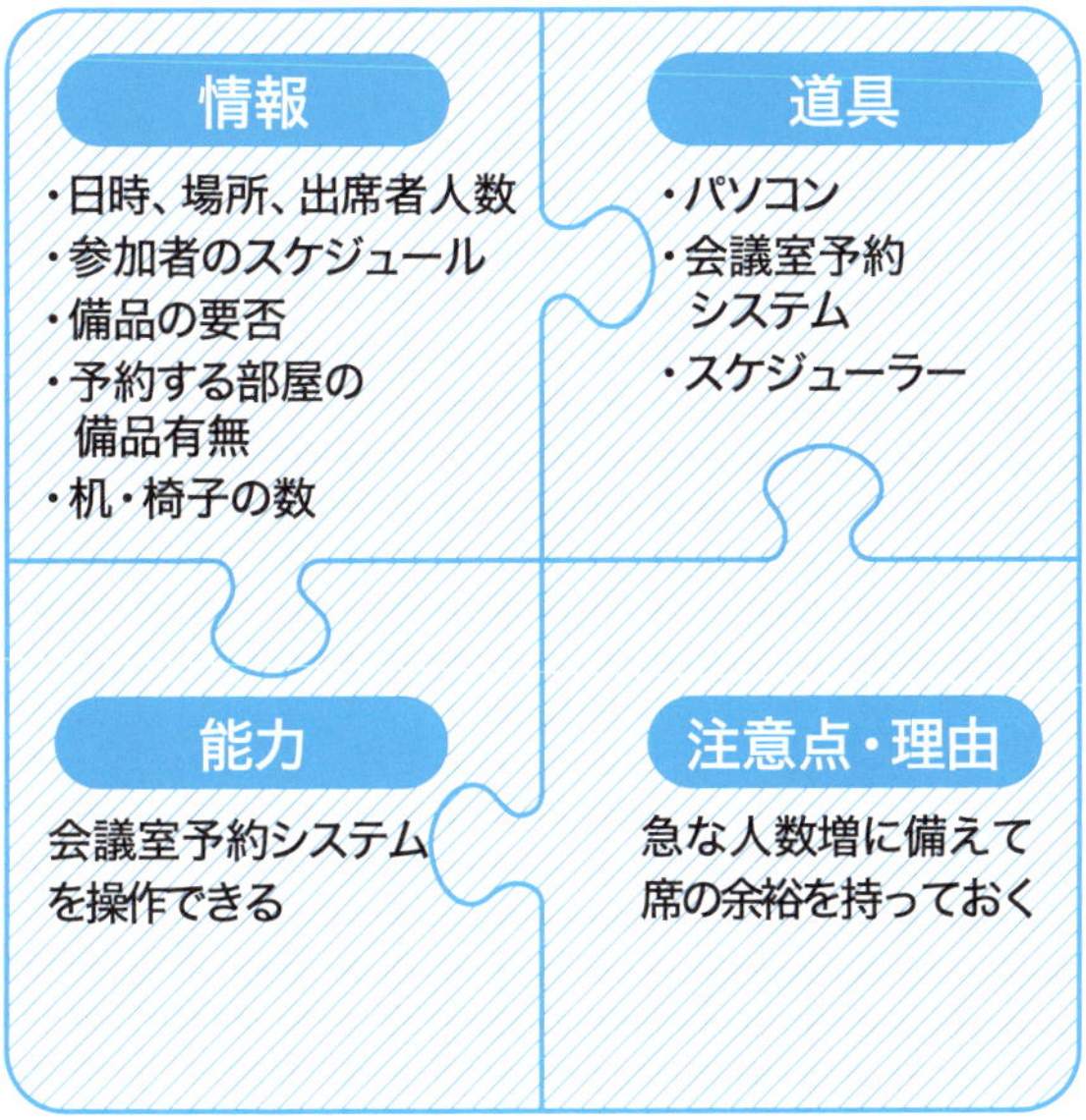
情報
・日時、場所、出席者人数
・参加者のスケジュール
・備品の要否
・予約する部屋の備品有無
・机・椅子の数
道具
・パソコン
・会議室予約システム
・スケジューラー
能力
会議室予約システムを操作できる
注意点・理由
急な人数増に備えて席の余裕を持っておく

Point 5 各手順で必要なものを明確にする

すべきことなど。

ノウハウ
4
## 仕事のシーンを思い浮かべてみる

仕事のシーンを思い浮かべることで、必要なもののモレが少なくなります。例えば、会議の運営であれば、会議の最初から最後までを頭の中で思い浮かべると、その会議で使っているものが明確になります。

また、思い浮かばない部分があれば、関係者に相談したり、一緒に議論しながら明確にしていくことが有効です。

最初に会議の目的を説明するから……会議案内が必要
企画の説明をするときに……プロジェクターが必要
出席者から出た意見を書くから……ホワイトボードが必要

ノウハウ
5
## モレがないか考える

必要なもののモレを少なくする方法の一つとして、フレームワーク思考があります。まず、ノウ

## 図表3 5つの フレームワークタイプ例

| フレームワークタイプ例 | | イベントでの例 | 会議での例 |
|---|---|---|---|
| **対立概念型**<br>自分⬌他人、<br>メリット⬌デメリット<br>など反意語 |  | 男⬌女 | 賛成派⬌反対派 |
| **数直線型**<br>年齢別・時間別<br>など |  | 20歳代<br>30歳代<br>40歳代 | 午前・午後 |
| **順序型**<br>PDCAなど<br>プロセス |  | 準備・当日運営・<br>撤去 | 準備・運営・<br>片づけ |
| **単純分類型**<br>地域別(都道府県)、<br>組織別など<br>並列 |  | 関東ブロック<br>関西ブロック | A部・B部<br>C部・D部 |
| **異視点型**<br>5W2H・QCD・<br>4M など<br>複数軸 | 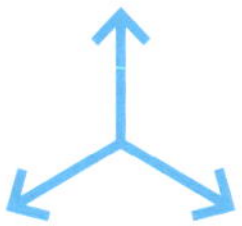 | 「人」「機材」<br>「情報」「方法」 | 「人」「機材」<br>「情報」「方法」 |

ハウ3で紹介した「情報」「道具」「能力」「注意点・理由」の観点で考え、さらに五つのフレームワークのタイプで必要なものを考えると、モレが少なくなります。

## ノウハウ 6 関係者と一緒に考える

はじめて行う仕事は、各手順で必要なものがわからない、というのが通常です。また、人によって必要なものの判断に違いがある仕事もあります。そうした場合には、関係者と一緒に考えたほうが効率的です。

多くの職場で「マニュアル」が作られたりしていますが、マニュアルはやることだけが書かれていることが一般的です。それぞれのやることで、何が必要になってくるのか、までは書かれていない。

そこで関係者と一緒に考えることが有効になります。

このとき、この仕事に必要なものを一緒に考えるべき人

や部署を明確にし、その関係者と一緒に議論することで、モレを防ぎ、やり直しを少なくすることができます。

**必要なものをしっかり確認した豊川クンはどうなったでしょうか？**

必要なものを整理して会議の準備を進める豊川クン

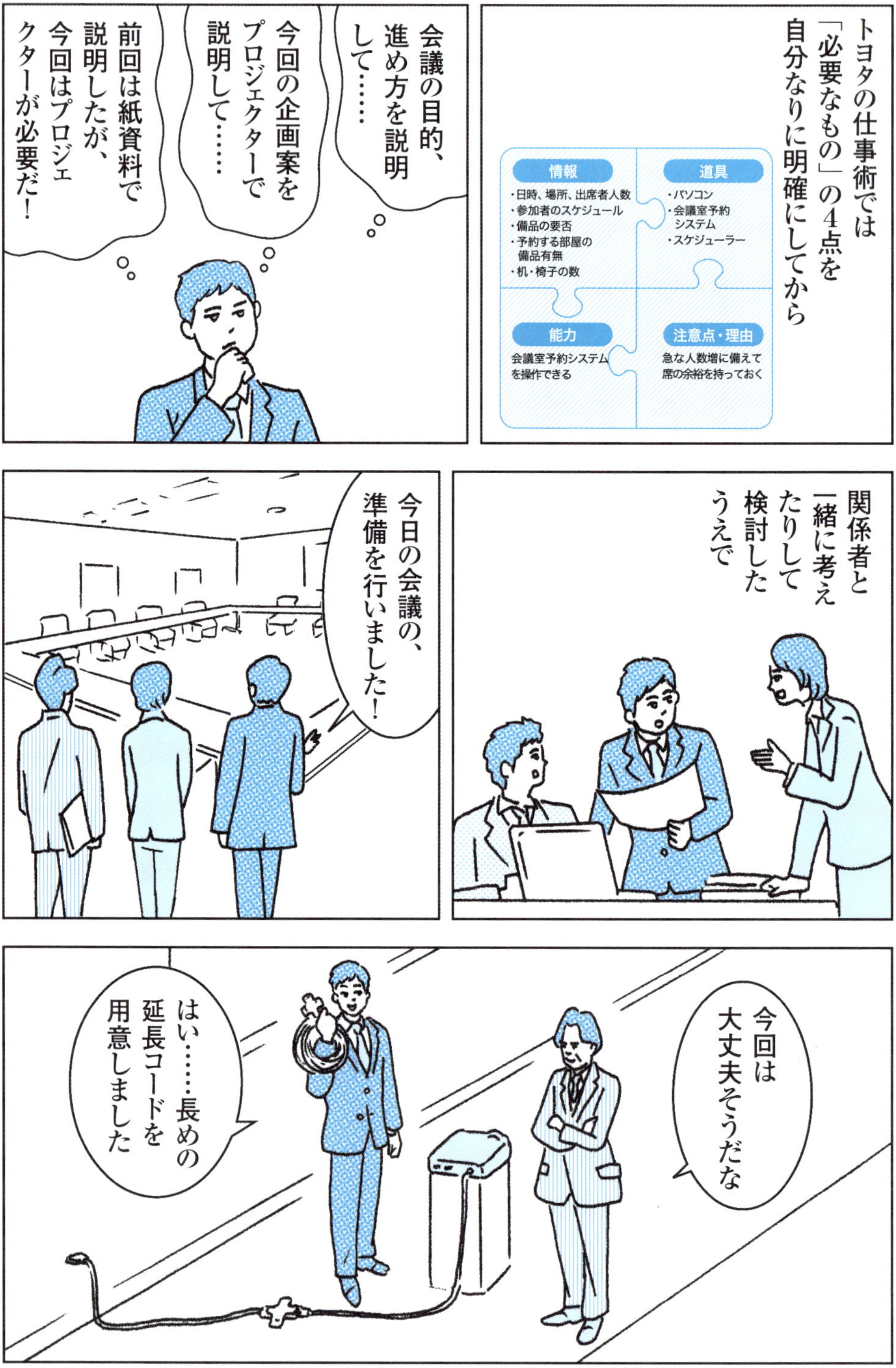
トヨタの仕事術では「必要なもの」の4点を自分なりに明確にしてから
情報
・日時、場所、出席者人数
・参加者のスケジュール
・備品の要否
・予約する部屋の備品有無
・机・椅子の数
道具
・パソコン
・会議室予約システム
・スケジューラー
能力
会議室予約システムを操作できる
注意点・理由
急な人数増に備えて席の余裕を持っておく
会議の目的、進め方を説明して……
今回の企画案をプロジェクターで説明して……
前回は紙資料で説明したが、今回はプロジェクターが必要だ！
関係者と一緒に考えたりして検討したうえで
今日の会議の、準備を行いました！
今回は大丈夫そうだな
はい……長めの延長コードを用意しました

次ページは、必要なもののポイントまとめです←

Point 5 各手順で必要なものを明確にする

## Point5のまとめ

仕事の手順を洗い出した後、それぞれの手順では、どんなものが必要になってくるのか、明確にしていく必要がある、とトヨタの仕事術では考えます。

必要なものがしっかり整えられているからこそ、仕事は着実に前に進めていくことができます。これをぼんやりと考えるのではなく、明確にして意識しておくことが大切になるのです。

ただ、必要なものはヌケやモレが出てきてしまうことが少なくありません。そこで、必要なものを洗い出していく際には、「情報」「道具」「能力」「注意点・理由」などを用いて考えます。

また、必要なものが不明確な場合は、関係者を巻き込むことで、ヌケやモレを防いでいきます。

Point 6



# 要所・要所で「これでよし!」と自信を持って仕事を進める

この章では……

最終的なアウトプットを出したときに、ようやく善し悪しがわかるのでは、仕事を最初からやり直すことになり、納期に間に合わないなどの問題が発生します。トヨタの仕事術では要所・要所で「これでよし！」と判断できる基準を明確にすることで、不安なく仕事を進められると考えています。今回、豊川クンには、とても不安になる出来事が起きてしまいました。要所・要所で「これでよし！」と自信を持って仕事を進められるようになるノウハウを４つ紹介します。

試作品ができて大喜びの豊川クンですが…

次ページから自信を持って仕事を進めるノウハウのご紹介です ⬅

Point 6 要所・要所で「これでよし！」と自信を持って仕事を進める

# 要所・要所で「これでよし！」と判断し、自信を持って仕事を進めよう

## 決めた仕事のやり方を確認しながら仕事を進めていく

正しいアウトプットを導き出すために、さまざまなステップを踏んできました。「目的・目標を明確にする」「最終的なアウトプットを明確にする」「手順を明確にする」「判断基準を明確にする」「必要なものを明確にする」

仕事を始める前に考えたことや、過去の経験が織り込まれたものに従って仕事を進めることで、「これでよし！」と判断し、自信を持って仕事ができます。きちんと実行すれば、正しいアウトプ

ットは出てきます。

ところが、実際には、そうでない事態が起こり得ます。原因となるのは、決められた手順を守らなかったり、要所・要所で「これでよし！」という判断がしっかりできていないケースです。結果的に、仕事がやり直しになってしまったり、後戻りしなければいけなくなったりします。仕事を始める前にしっかり考えた仕事のやり方を確認しながら仕事を進めていくことで、やり直しが少なくなるのです。

では、「要所・要所でこれでよしと判断し、自信を持って仕事を進めていく」ときに必要になっていくものとは、どのようなものでしょうか。**四つのノウハウ**を挙げておきましょう。

**「要所・要所でこれでよしと判断し、自信を持って仕事を進めていく」ときに必要な4つのノウハウ**

**1** ダンドリを確認しながら仕事を進める

**2** 不安があったら「まあいいか」で仕事を進めず、止める

**3** 前提条件や環境が変わっていないかを確認する

**4** 問題点やうまく進められたことを書き残す

ノウハウ 1

## ダンドリを確認しながら仕事を進める

仕事を始める前にしっかり考えたのであれば、その時点で一番やり直しが少ない仕事の進め方になっているはずです。その手順を常に確認しながら、仕事を進めていくことで、やり直しや後戻りは少なくなっていきます。

ノウハウ 2

## 不安があったら「まあいいか」で仕事を進めず、止める

正しいアウトプットを導き出すために手順を決めたとしても、その通りに仕事が進んでいかないこともあります。

- 必要な情報が予定日に揃わない
- 仕事が予定の期日に終わりそうにない
- 途中でアウトプットしたものが判断基準に満たない

こうした場合は、不安も募るものですが、「まあ大丈夫だろう」などと安易に考えず、まずは仕

事を止めることが大切です。

そして、速やかに上司を含む関係者に「報告・連絡・相談」します。速やかな「報連相」をすることで、問題が大きくなることを防ぐことができます。

## ノウハウ3 前提条件や環境が変わっていないかを確認する

仕事を進めていくなかで、前提条件や環境が変わることで、当初決めたことを修正する必要が生じる場合があります。

- 会議が予定日から一週間前倒しになった
- 他社の新製品の発売により、当初決めた目標値が上がった

前提条件が変わることで、手順を修正する必要が発生する場合があります。例えば、会議の参加者が八名ということで、一〇名用の会議室を予約していたところ、参

来週の会議出席者8名って言ってたけど11名になるよ
了解しました！
会議室を変更しなきゃ

加者が三名増えて、一一名になった。一〇名用の会議室では、入れなくなります。状況は常に変わるため、計画通りにやっていればいい、というわけにはいかなくなります。

また、当初の企画時よりも景気が悪くなったなど、環境変化によって目標値が変わり、手順を修正する必要が出てくることもあります。

前提条件や環境の変化が手順にどう影響するかを確認し、必要に応じて決められた手順を修正・変更していくことが大切になります。

## ノウハウ4 問題点やうまく進められたことを書き残す

仕事を進めていくなかで、うまく進められなかったことや苦労したことなどの問題点を書き残します。また、うまく進められたことも合わせて書き残します。

それによって、新たに担当する人に仕事の進め方の貴重なヒントを提供できるだけでなく、次のステップの「仕事の進め方を振り返る」際の情報として活用することができます。

例えば、うまく進められなかった例としては、こんなものがあります。関係者との待ち合わせ場所を、「〇〇駅のM店」にした。ところが、東口、北口の両方に同じ系列の店が存在し、関係者を探す羽目になってしまった。

苦労した例では、こんなものがあります。前工程からもらった大量の販売数データを、転記するのに時間がかかってしまった。

うまく進められたことの例では、こんなものがあります。会議前に関係部署の意見を集め、集めた意見を一枚の資料に起こし、それをベースに議論をしたら結論がスムーズにまとまった。

後に振り返る際、どんな問題があったのかやうまく進められたことは何かを後から考えても、時間が経っているため、モレる可能性が高くなります。途中で気になることがあり、結果も芳しくなかった際も、途中の段階ではなかなか気になることを書き留めたりしていないケースが多い。

仕事を進めながら、気づいたら速やかに書き残すことが大切であり、大きな意味を持つのです。

図表1｜問題点はいつ書き残すべきか

| ことわざでたとえるなら… | | |
|---|---|---|
| 「のどもとすぎれば熱さを忘れる」 | ➡ | だから、気づいたときに書く |

## 要所・要所で「これでよし」と確認して仕事を進める豊川クン

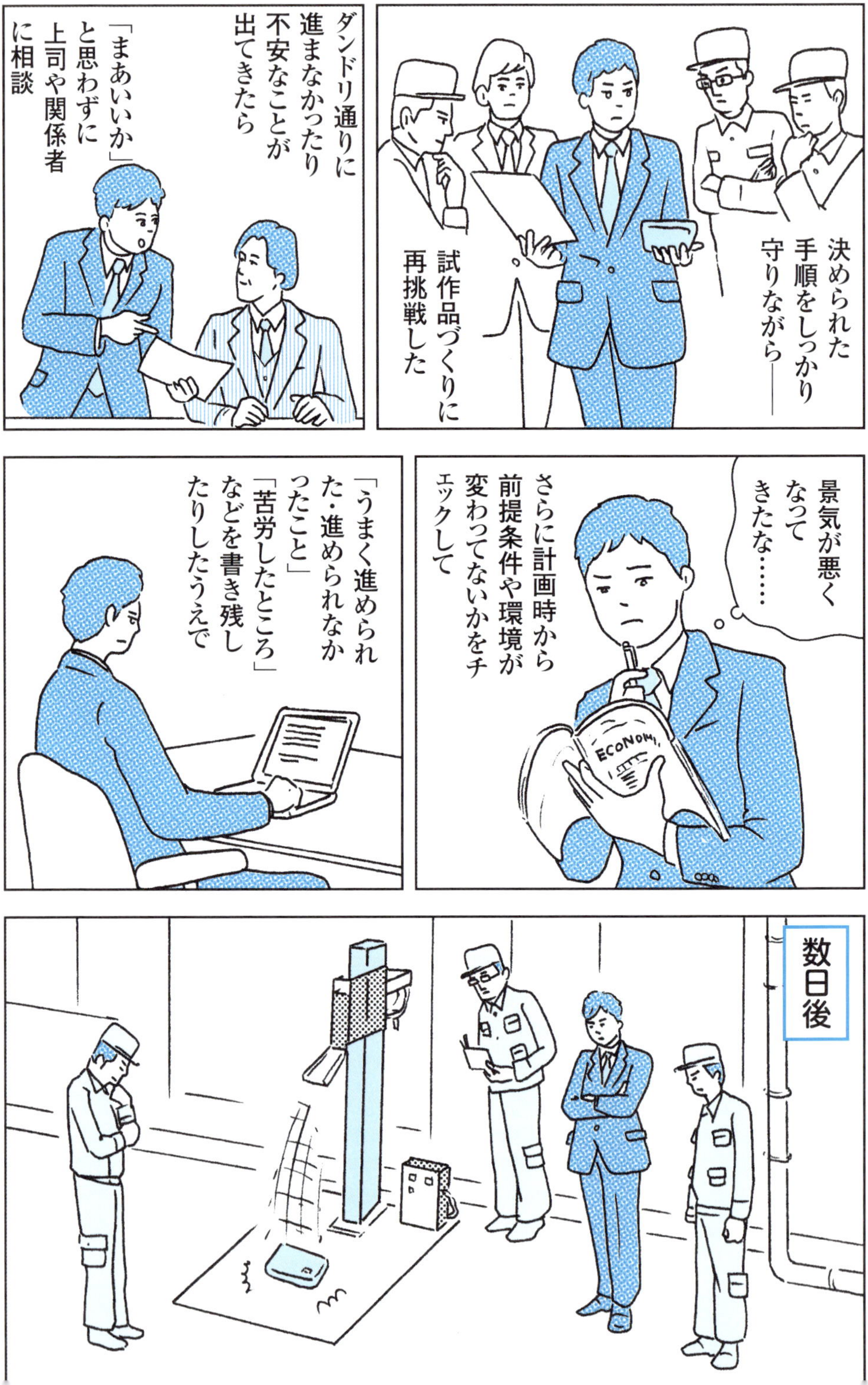

次ページは、自信を持って仕事を進めるポイントまとめです←

**Point 6** 要所・要所で「これでよし!」と自信を持って仕事を進める

## Point6のまとめ

仕事の手順をしっかりと洗い出し、それぞれで必要なものを把握し、要所・要所で「これでよし」と判断できたら、自信を持って仕事を進めていきます。

大事なことは、決められた手順をしっかり守ること。それができなければ、仕事の最終的なアウトプットが不良になったり、仕事がやり直しになってしまったりする。トヨタの仕事術ではそう考えます。

考えた手順を確認しながら仕事を進めていくことで、「こんなはずじゃなかった」という仕事になることを防ぐことができます。

逆にいえば、自信を持って仕事を進められるレベルまで、しっかり準備をしておかなければいけないということです。

Point 7



# 仕事の結果と進め方を振り返る

この章では……

1つの仕事が終わって、「さあ終わった、うまく行ったし、終わったことは忘れよう」となる人が意外に多いものですが、トヨタの仕事術では、そうした考えは許されません。仕事がうまく進んだかに思えた豊川クンも、振り返ることでいろいろなことに気づいたようです。うまく仕事の結果と進め方を振り返るためのノウハウを4つ紹介します。

## ついに新商品発売！　成果が出て喜ぶ豊川クンは？

次ページから仕事を振り返るノウハウのご紹介です←

# 仕事の結果と進め方を振り返ろう

## 結果だけでなく、仕事の進め方も振り返る

「ダンドリ」を重視することがトヨタの仕事術ですが、その「ダンドリ」を充実させるために大切なものがあります。

それが、仕事の結果が良かったか、良くなかったかを振り返り、良くなかった場合には、どこに問題があったのかを確認し、修正していくことです。

また、結果だけでなく、仕事の進め方に問題はなかったかなどを振り返ることも重要です。

結果には必ず原因があるものです。良い結果が出なかったとすれば、間違いなく、どこかの進め方に問題があったのです。

それを放置したままにすれば、また同じ結果になってしまいかねません。これでは生産性も上がりません。がんばっているのに結果も出ず、モチベーションも上がっていきません。

仕事が終わった時点で、振り返りを実施することで、同じような失敗の繰り返しを防ぐことができます。

結果だけを振り返るのではなく、仕事の進め方もしっかり振り返ることが大切です。

では、同じような失敗の繰り返しを防止したり、仕事の質を高めていくために「仕事の結果と進め方を振り返る」ときの、**四つのノウハウ**を挙げておきましょう。

**「仕事の結果と進め方を振り返る」ときの4つのノウハウ**

1. 目的・目標の達成状況を把握する
2. 最終的なアウトプットの評価を後工程に聞く
3. 進め方が適切だったか、考える
4. 関係者に問題・課題を聞く

## ノウハウ 1 目的・目標の達成状況を把握する

当初、設定した目的・目標と結果のギャップを把握します。そのギャップを問題と捉え、明確にしていきます。

例えば、ある商品の販売イベントを開催するときに、「二〇〇個」を目標としたとします。ところが結果的に「一五〇個」しか売れなかったとすると、目標と結果のギャップ「五〇個目標に足りなかった」ことが問題となります。

目的・目標と結果とのギャップを捉えることで、次の正しい結果に結びつけていきます。

## ノウハウ 2 最終的なアウトプットの評価を後工程に聞く

最終的なアウトプットに対する意見を、後工程（お客さま）に確認します。そうすることによって、問題・課題が明確になる場合があります。

一方、お客さまに評価を聞けなかった場合も、最終的なアウトプットが適切だったかを考えましよう。

また、後工程には、すぐ後の後工程に加え、最終的なエンドユーザーも含みます。

## ノウハウ3 進め方が適切だったか、考える

当初、設定した進め方が適切だったかを考えることで、次回の仕事でのやり直しや後戻りが少なくなっていきます。

仕事を進めていくなかで発生した問題や、うまく進められたことを書き残したのであれば、それを確認します。

進め方がよかったかを考える要点は四つです。

「手順のモレやり直しはなかったか」

「判断基準は適切だったか」

「必要なものにモレはなかったか」

「うまく進められたことは何か」

「手順のやり直しはなかったか」を考える例には、こん

**図表1 進め方を振り返るときの要点**

1 手順

2 判断基準

3 必要なもの

4 うまく進められたこと

なものがあります。

● 発送した二五〇部の案内書に記載ミスがあり、修正し発送し直した「必要なもの」にモレはなかったか、を考える例もあります。

● 会議でプロジェクターの予約をし忘れ、会議ができなかった問題などを書き残さなかった場合は、この四つの要点で考えることで、進め方の問題点を把握することができます。

## ノウハウ 4 関係者に問題・課題を聞く

仕事の関係者に、問題・課題を聞きます。そうすることで、自分自身が感じていることだけでなく、実は他の人はこんなことを気にしていた、ということを認識することができます。

自分が気づかなかったこと、自分には見えていなかったこと、自分は良かれと思ったけれど、他の人はそうでなかった、といったことも知ることができます。

自分だけで考えるのではなく、アンテナを高くして人の意見もしっかり聞いていくことが大切です。わざわざ聞きに行かないと手に入れられない情報でもあります。

自分の仕事にケチをつけられているような気持ちになることもありますが、結果的には今後、求められるアウトプットに近づいていくことができます。
関係者に問題・課題を聞くことは、正しい結果を導き出すための進め方において、モレ防止に有効です。

傘置き場がなくて探すお客さまが多かったな
雨が降った場合を考え傘立てを準備します！

豊川クンの仕事の振り返りはどうなったでしょうか ⬅

豊川クンは、関係者に問題・課題を聞いてみました

次ページは、仕事を振り返るポイントまとめです←

## Point7のまとめ

仕事が終わった後、仕事の結果だけしか振り返っていない、という職場がたくさんあるのではないでしょうか。

また、職場によっては、結果の振り返りもしていない、というところもあるかもしれません。

それがもたらすのは、前と同じような失敗の繰り返しです。あるいは、思うような結果を得ることができない事態です。

仕事が終わった時点で、しっかり仕事の結果と仕事の進め方の振り返りを実施することによって、同じような失敗の繰り返しを防止できると、トヨタの仕事術では考えます。

Point 8



# 仕事で得られた知見を伝承する

この章では……

ここまで紹介してきたトヨタの仕事術では、「前回どうしていたか？」「なぜそうしていたか？」確認するノウハウが頻繁に登場することに気づかれているかもしれません。つまり、仕事で得られた知見が伝承されることを重視しています。豊川クンは、無事成果を出すことができた仕事から得られた知見をどう伝承するのでしょうか。仕事で得られた知見を伝承するノウハウを６つ紹介します。

## 豊川クンの後輩が登場！

本日より、商品開発部《こちら》に異動してきました 松本です……
よろしくお願いします！
松本智 (27)
豊川…… 先輩として、ちゃんと「伝承」してやってくれ
はい！
とは言っても、新しい企画も動き出したし……後輩の世話まで手が回らないなぁ
何ですか？ これ……
商品開発部《うち》のマニュアルみたいなもんだ
マニュアル
2016年8月修正
とりあえずはこれを読みながら、仕事してみてよ
は、はぁ……

次ページから知見を伝承するノウハウのご紹介です←

# 仕事で得られた知見を伝承しよう

## 従来型のマニュアルは使えない

ホワイトカラーの生産性を阻害している理由の一つには、知見がまったく伝承されていないことが挙げられます。

異動などで新しい担当者に代わったら、またゼロから仕事を始めなければいけない。担当者が変わるたびに同じような失敗が繰り返されている。その人しかできない仕事が増え、担当者が変わると仕事の質が低下してしまう。

**図表1 使えないマニュアルの特徴**

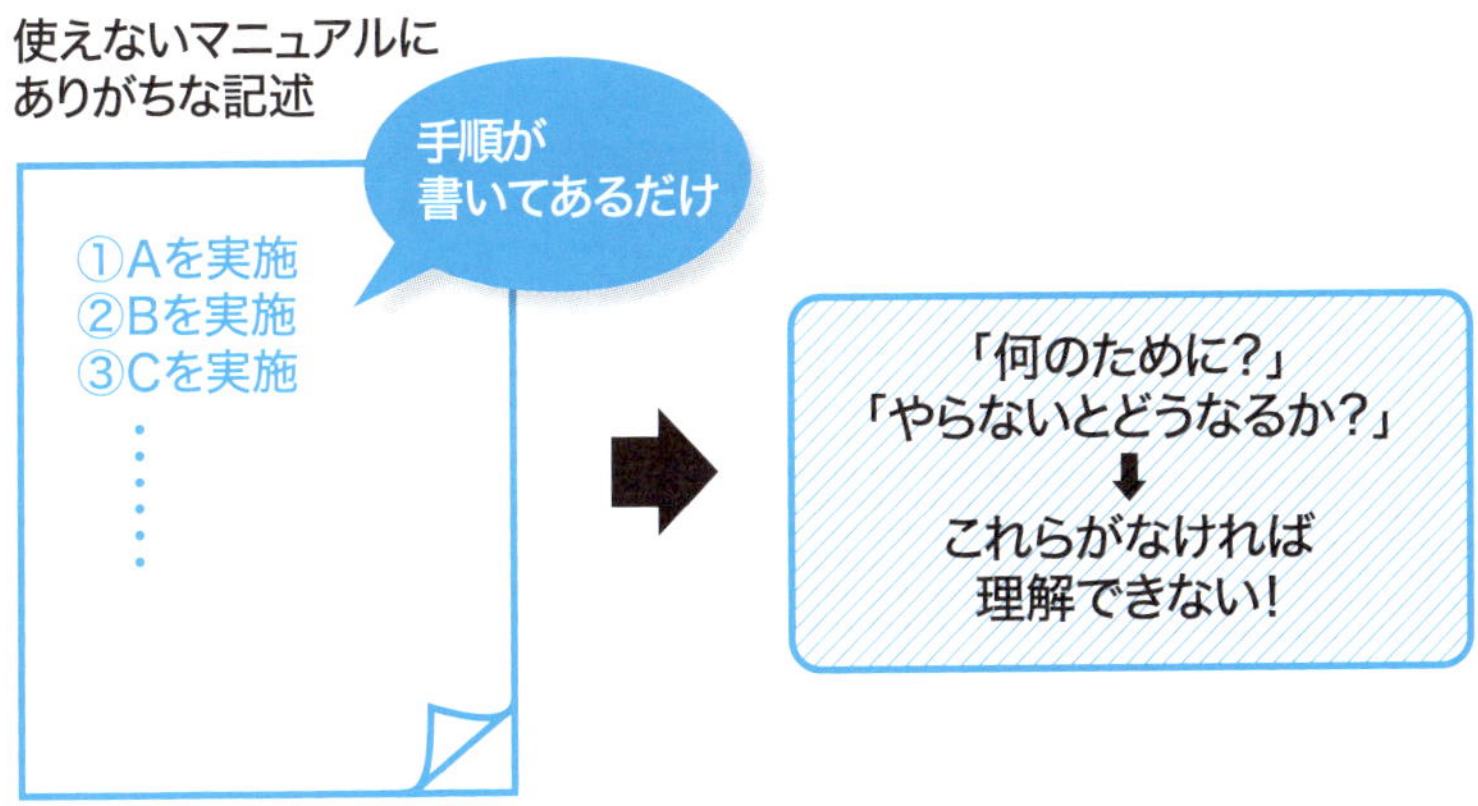


先人たちの「知見」を活かせず、失敗を繰り返していては、各担当者の成長はもとより、職場力も向上していきません。

先にも書いたように、従来、多くの職場で作られているマニュアルは、手順は書かれているかもしれませんが、「目的・目標」「最終的なアウトプットイメージ」「判断基準」「必要なもの」といった実際には仕事を進めていくうえで重要になってくる内容は網羅されていないことがほとんどです。

それを網羅したものへとバージョンアップしていく必要があります。そこには、振り返りで明確になった問題点と、その改善策、うまく進められたことも記していきます。次の仕事の財産として活かしていくことで、仕事の質が向上していきます。

## 知見の伝承をしやすくするために

組織において知見を伝承することの難しさは、本人にはあまりメリットがないことです。もちろん、自身のミスを繰り返さないというメリットはありますが、それを組織で共有していくことについて本人にとっては大きなインセンティブは実はありません。

どうしてわざわざ人のために残さないといけないのか。時間をかけて、自分にメリットがないことをやらないといけないのか、という認識になりかねない。

そこで一つの方法は、知見を伝承することを組織内で常識にしてしまうことです。そうしたカルチャーを作ることだと、トヨタの仕事術では考えます。

その方法には、二つあります。一つは、知見を伝承するという行動に対して、上司が認めて評価することです。そしてもう一つが、知見を伝承するための時間を業務として与えることです。

実際には、自分が例えば異動者としてやってきた場合、知見がしっかり伝承されたマニュアルが組織内にあれば、大きなメリットを得ます。それを認識できたり想像できたりすれば、知見の伝承の必要性を本人も自覚することができます。

では、仕事の質をスパイラルアップさせていくために「仕事で得られた知見を伝承する」ときの、六つのノウハウを挙げておきましょう。

**「仕事で得られた知見を伝承する」ときの6つのノウハウ**

1. 問題点に対し、再発防止策を考える
2. 問題点と再発防止策に加え、ダンドリを修正した理由《わけ》を伝承する
3. 活きた知見にするための方法を考える
4. 活用する人の業務理解度や使い方を考えて明文化する
5. 明文化したものを活用しやすい環境を整備する
6. 明文化したものを活用するためのルールを整備する

ノウハウ
1

## 問題点に対し、再発防止策を考える

振り返りで明確になった問題点や、その理由（真因）を把握するとともに、再発防止策を「手順」や「判断基準」「必要なもの」に織り込んでいきます。そうすることで、同じ問題の再発防止につながっていきます。

例えば、こんなケースがあります。イベントを行ったが、雨が降ることを想定していなかった。傘置き場を作っていなかったため、イベント会場に傘が持ち込まれた。床が濡れて滑って転んだ人が出てしまった。

この経験があれば、次は雨が降った場合のことも考えるようになります。「手順」を変え、「必要なもの」を準備するようになる。

実際には、イベントの際に雨が降ることを、なかなか考えません。問題点を次に活かすことで、そこに思いが

改善前

改善後

及ぶようになっていくのです。

ノウハウ 2
## 問題点と再発防止策に加え、ダンドリを修正した理由《わけ》を伝承する

仕事を通じて得られた知見は、次の仕事に活かしていくことで、仕事の進め方がスムーズになり、スピーディになっていきます。

また個人の知見とすることなく、職場のメンバーや関係者に知見を伝承することで、職場全体の仕事の質の向上と、メンバー一人ひとりの成長を加速させます。

伝承する内容としては、発生した問題点、その理由、その問題の再発防止策、具体的には変更した「手順」「判断基準」「必要なもの」が挙げられます。

ここで重要なポイントは、理由をきちんと明記しておくことです。どうして、そういうことが必要になるのか。理由が残っていないケースが少なくない。

だから、「手順」や「必要なもの」の中で、こういうことも考えたほうがいい、こういうものを用意したほうがいい、といったことが書かれていたとき、どうしてこんな面倒なことをしなければならないのか、という思いを持ちかねないのです。

しかし、理由がきちんと書かれていれば、だからこうするべきなのか、ということが納得できま

す。理由を理解しないままでは、こんなことは必要ないだろう、と判断をしてその仕事を実施せず、また同じ失敗が繰り返されるようなことが起きかねません。

## ノウハウ 3 活きた知見にするための方法を考える

仕事を通じて得られた知見を職場のメンバーや関係者にうまく伝承していくためには、伝承するために最も効果的、効率的な手段を考えることが重要です。とにかく伝承すればいい、ということではなく、有効なやり方がいろいろあるので、一義的に考えず、ベストな方法を選択することが大切です。

一般的で繰り返し性が高い仕事の知見は、ミーティングの場などで共有することができます。例えば、会議室予約など、仕事の中で常に実施することなどは、口頭で知見を共有すれば伝承できる場合がほとんどです。手間をかけて明文化したり、手順書にしたりする必要はないでしょう。

一方、繰り返し実施している仕事でも、専門的な仕事では、手順書などで明文化しておくことで効率的に伝承できます。

新入社員の時代、先輩から口頭で仕事の進め方を説明され、十分理解できず、不安を抱えながら仕事を進めた経験を持っている人は少なくないはずです。このとき、手順書があれば、短時間に仕事を覚えられたかもしれません。

一方、繰り返し実施はしているが、文章だけでは伝承できない知見もあります。特に、専門性が高い知見は、はじめてその仕事を担当する直前に、教育や訓練の場を設定するという手段で伝承するのも方法です。

明文化した知見を活用しながら、これまでの担当者から新たな担当者への仕事の引き継ぎを実施する方法もあります。

ノウハウ 4

## 活用する人の業務理解度や使い方を考えて明文化する

知見を明文化するときは、それを活用する人の業務理解度を考え、どこまで手順を細かくすればいいかを考えます。

例えば「会議案内の展開」も、ベテランならすぐに行動できても、新人では行動できない可能性があります。

新人が活用する場合は、「会議への参加者を把握」→「会議室を予約」→「会議案内作成」→「会議参加者にメールで会議案内を送付」と、手順を細かくしていくことで行動できるようになります。

実際に使う人が行動できるレベルまで、落とし込んで書いてあげなければいけないというのが、

図表2｜手順の階層具体例（講演会開催の場合）

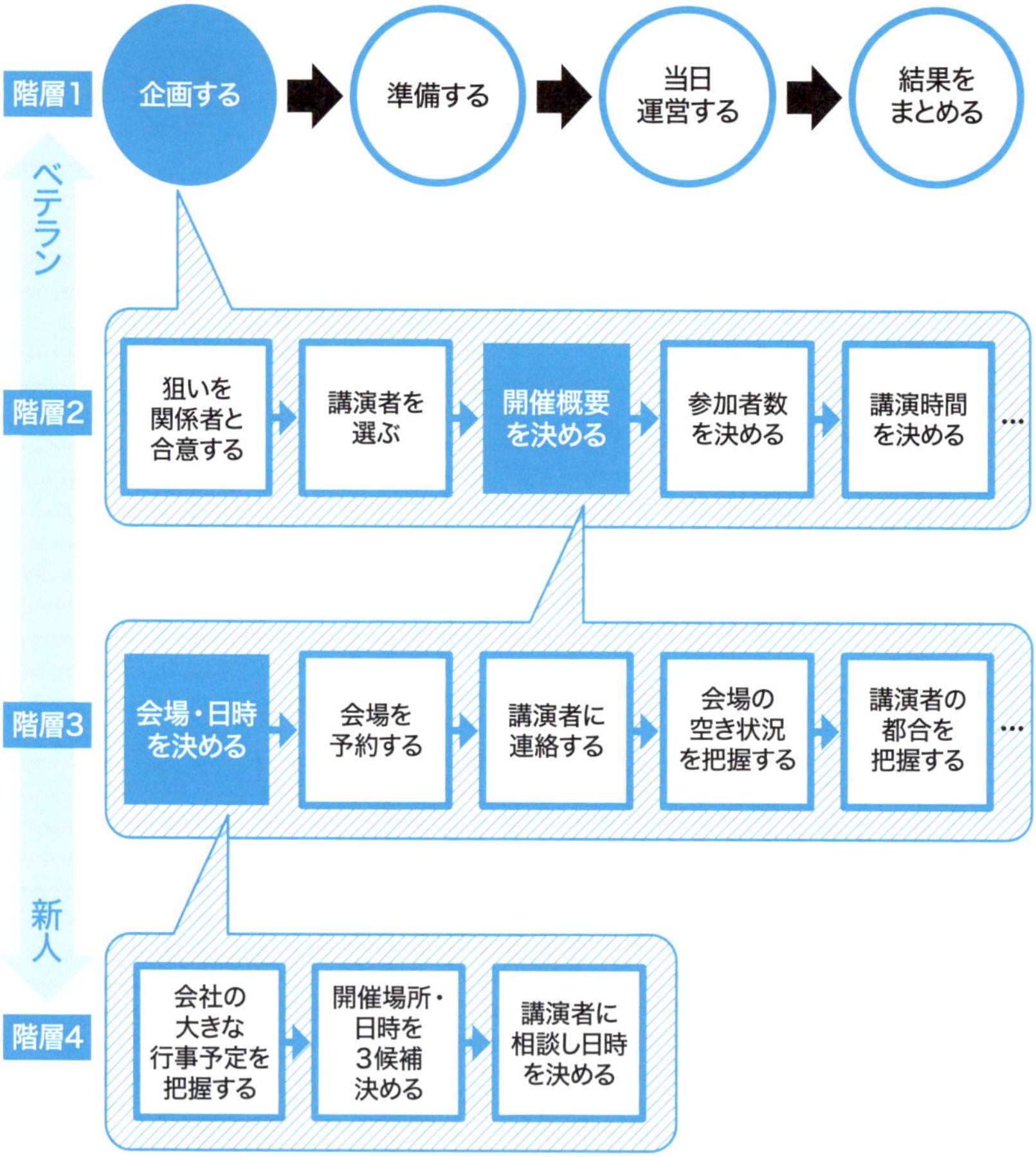

トヨタの仕事術の考え方です。

また、明文化されたものが読みやすいものになっていなければ、活用されなくなります。文字がぎっしりと埋まっていて、パッと見て、すぐに閉じたくなるようなものでは、意味がありません。

そのためにも、最初は大まかな手順を明文化し、その後、大まかな手順ごとに、やり方を細かく記載していく、手順を階層にしていくという手法が有効です。そうすることで、新人でも業務の全体像から細かい手順までを理解できます。

知見の明文化やマニュアルづくりには当初は大変さも伴いますが、新たに職場にやってきた人への引き継ぎは、それを見てもらえればわかるので、とても簡単になります。結果的には、引き継ぎや日常的な教育という業務負担を大きく減らせるものになります。

## ノウハウ 5

## 明文化したものを活用しやすい環境を整備する

関係者がいつでも取り出せなければ、活きた知見にはなりません。メンバー共有のバインダーや、メンバー共有のサーバの電子データのフォルダに保存するなど、使う人がある場所を認識できて、すぐに取り出せるようにしておくことが大切です。

例えば、誰かの個人の引き出しに入っていて、ありかがわからない、というのでは使える知見にはなりません。

また、たくさんの知見が乱雑に保管されていると、必要な知見を探すのに時間がかかってしまったり、知見がないと判断されて活用されない可能性が出てきます。

そうした事態を防ぐ方法として、職場にある「業務リスト」などの順番に沿って、知見を整理・整頓すると、知見を探しやすくなります。

## ノウハウ6 明文化したものを活用するためのルールを整備する

工場の仕事では、「各仕事×工数」の概念が強く浸透しています。短時間で効率良く仕事を進めることが高い価値になっています。

ところが、ホワイトカラーの仕事はこの概念が希薄になるため、時間や効率への価値が低くなりがちです。

明文化された知見を活用すれば一時間でできる仕事を、知見を活用せず三時間かけて実施しても問題にはなりません。だから、せっかくの知見が活用されない、という事態が起きています。これでは、ホワイトカラーの仕事の生産性は向上しません。

そこで重要になるのが、管理者のリーダーシップです。知見の明文化や活用は、管理者のリーダーシップが重要になるのです。

作ったり、見直したり、どこに置くのか、どういう体系で番号をつけるのか、さまざまなルールを作るのも、管理者の役割です。これがなければ、知見の活用は浸透しません。

「いつ」「どこで」「誰が」「何のために」「どのように」「何の知見」を活用するのか、活用の仕方、見直しの仕方を明確にし、それを徹底することで、明文化したものの活用は促進されます。

業務の責任者を決める。フォーマットを統一する。年に一度は必ず見直す、そのための時間を与える、など管理者のリーダーシップが問われます。

知見を伝承するノウハウを学んだ豊川クンは…←

豊川クンは、知見を伝承するためのマニュアルを作りました

次ページは、知見を伝承するポイントまとめです←

**Point 8** 仕事で得られた知見を伝承する

## Point 8のまとめ

職場には、今やっている仕事について知見が溢れています。ところが、それがうまく活かせていないケースがほとんどではないでしょうか。

新入社員が入ってくれば、毎年、同じような失敗が繰り返される。失敗をして覚える、という教育の考え方もあるのかもしれませんが、過去、先輩たちが経験した失敗は、仕事を始める前に学ぶほうが賢明です。

一方、「目標値を上げる」とか、「新たな領域へのチャレンジ」をして発生した失敗では、担当者の人財育成につながるでしょう。そこで得られた経験知を、伝承していくことで、人財育成のスピードアップと職場力の向上につながります。

知見をしっかり伝承していくことで、しなくていい失敗は防ぐことができます。明文化されたものを渡すことで、ゼロから教育する必要もなくなります。

振り返りで明確になった問題点や、その改善策、うまく進められたことを、次の仕事の財産として活かしていくことで、仕事の質は大きく向上していきます。

前にも書きましたが、ご紹介したノウハウすべてを常に使う必要はありません。繰り返し行う仕事、未経験の仕事など、それぞれの仕事の特性に合わせて、チョイスしていきましょう。

次のパートでは、豊川クンも活躍するトヨタの仕事術の応用例を紹介します。

# Part 2

# トヨタの仕事術で、こんなに変わる

自工程完結を中心としたトヨタの仕事術は、日常的な業務の効率化やスピードアップに大いに貢献しますが、実はそれだけではありません。職場で困っている、なかなか改善できないことにも、大きな威力を発揮するのです。3つの応用例をご紹介します。

Case1　上司や先輩が上手な業務指示をできるようになる
Case2　ムダな仕事をやめる、へらす、かえることができる
Case3　同じ失敗を二度と繰り返さない

Case 1

# 上司や先輩が上手な業務指示をできるようになる

## 誰かに仕事を頼むとき、的確な指示を出せますか？

やり直しや手戻りをなくし、正しいアウトプットを出すための考え方が自工程完結ですが、実はその意識はそのまま、仕事の依頼の仕方にもうまく活用できます。

上司や先輩といった仕事の依頼者からは、よくこんな悩みの声が届きます。

「思ってもみないような資料が出てくる」

「何にそんなに時間がかかっているのか、と思うことが多い」

「いろいろなことにヌケがある」

しかし、自工程完結で考えれば、悩みは解決することはすでにおわかりいただけたと思います。

図表1 | 依頼の仕方による受け手とのギャップの例

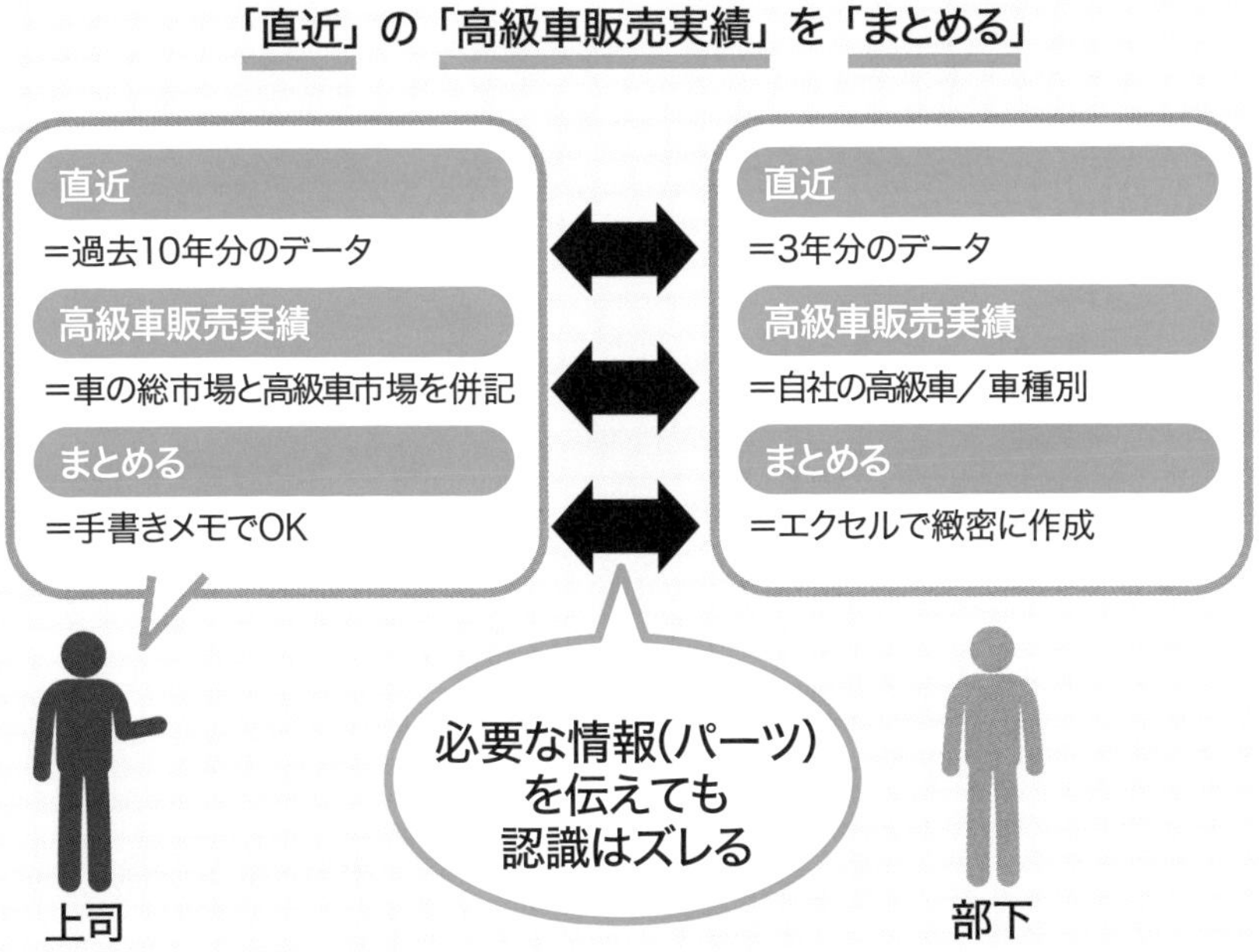

その一方で、現実は仕事の目的やアウトプットが曖昧な状況のまま、依頼していることがないでしょうか。

例えば、図のようなケース。「直近」「高級車販売実績」「まとめる」の三つの観点で、仕事の依頼者と受け手がまるで違う認識を持ってしまったのです。

大事なことは、「伝えた」＝「伝わった」ではないことです。目的とやることが伝わったかを確認するためには、依頼者が伝えた後、受け手に言わせたり書かせたりして確認することが有効です。

また、自工程完結を理解した仕事の依頼者は、必要な情報を確実に届けることができます。また受け手も依頼者に必要な情報を確認することが自発的にできるようになります。

**では、豊川クンが後輩社員にどんな指示を出しているかを見ていきましょう** ←

僕にも当然、後輩がいるけど
松本智
(27)
先輩と後輩、上司と部下は
体験も経験も人により
レベルもまちまちだ
あのデータを、グラフにまとめてくれる？
アウトプットイメージを
しっかり共有できないと……
!?
こーゆーときは折れ線グラフだろ……!
なんて失敗が発生する
伝えた
≠
伝わった
思っているようには
伝わっていない

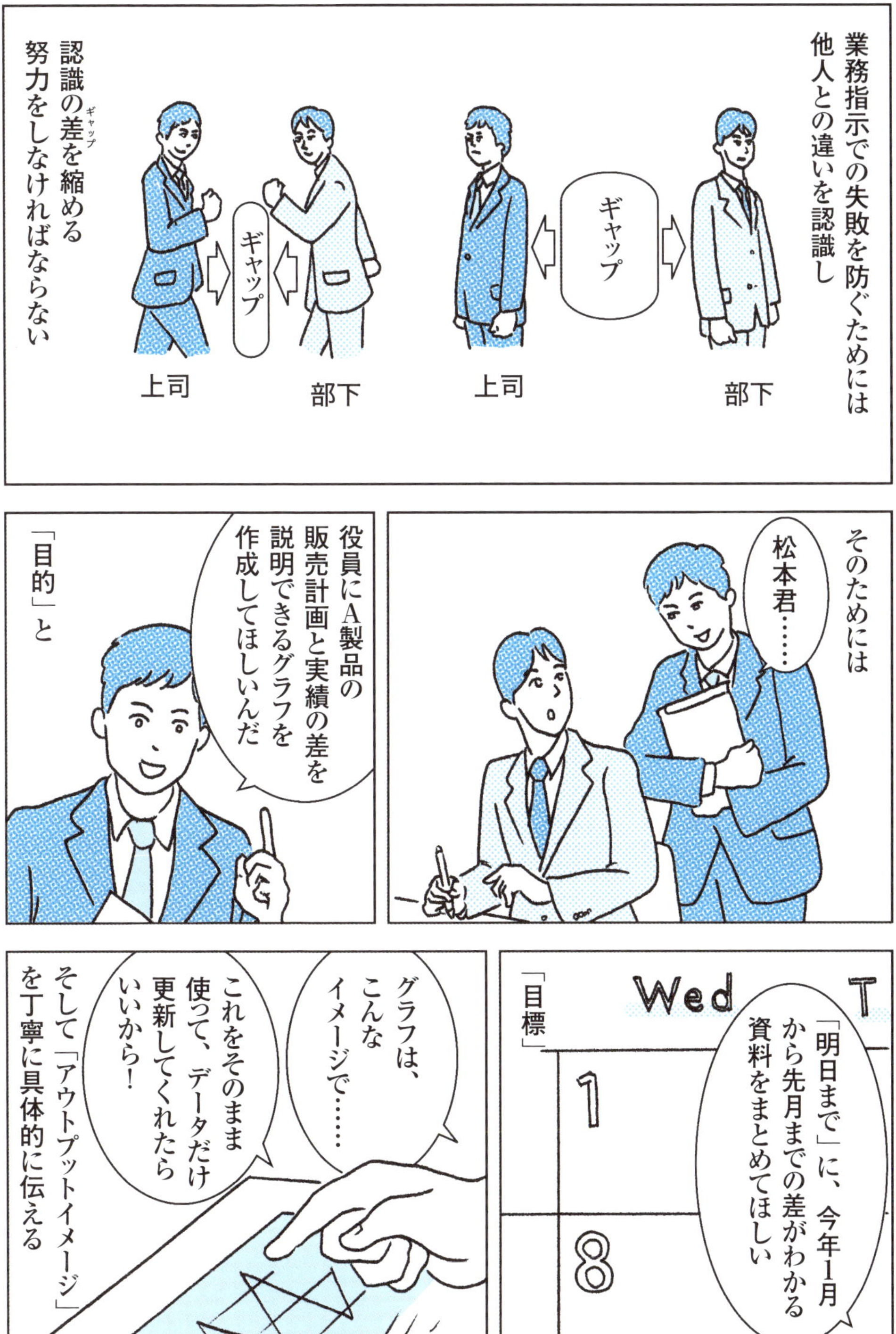
業務指示での失敗を防ぐためには
他人との違いを認識し
部下
ギャップ
上司
部下
ギャップ
上司
認識の差《ギャップ》を縮める
努力をしなければならない
そのためには
松本君……
役員にA製品の販売計画と実績の差を説明できるグラフを作成してほしいんだ
「目的」と
「目標」
Wed
T
1
8
「明日まで」に、今年1月から先月までの差がわかる資料をまとめてほしい
グラフは、こんなイメージで……
これをそのまま使って、データだけ更新してくれたらいいから！
そして「アウトプットイメージ」を丁寧に具体的に伝える

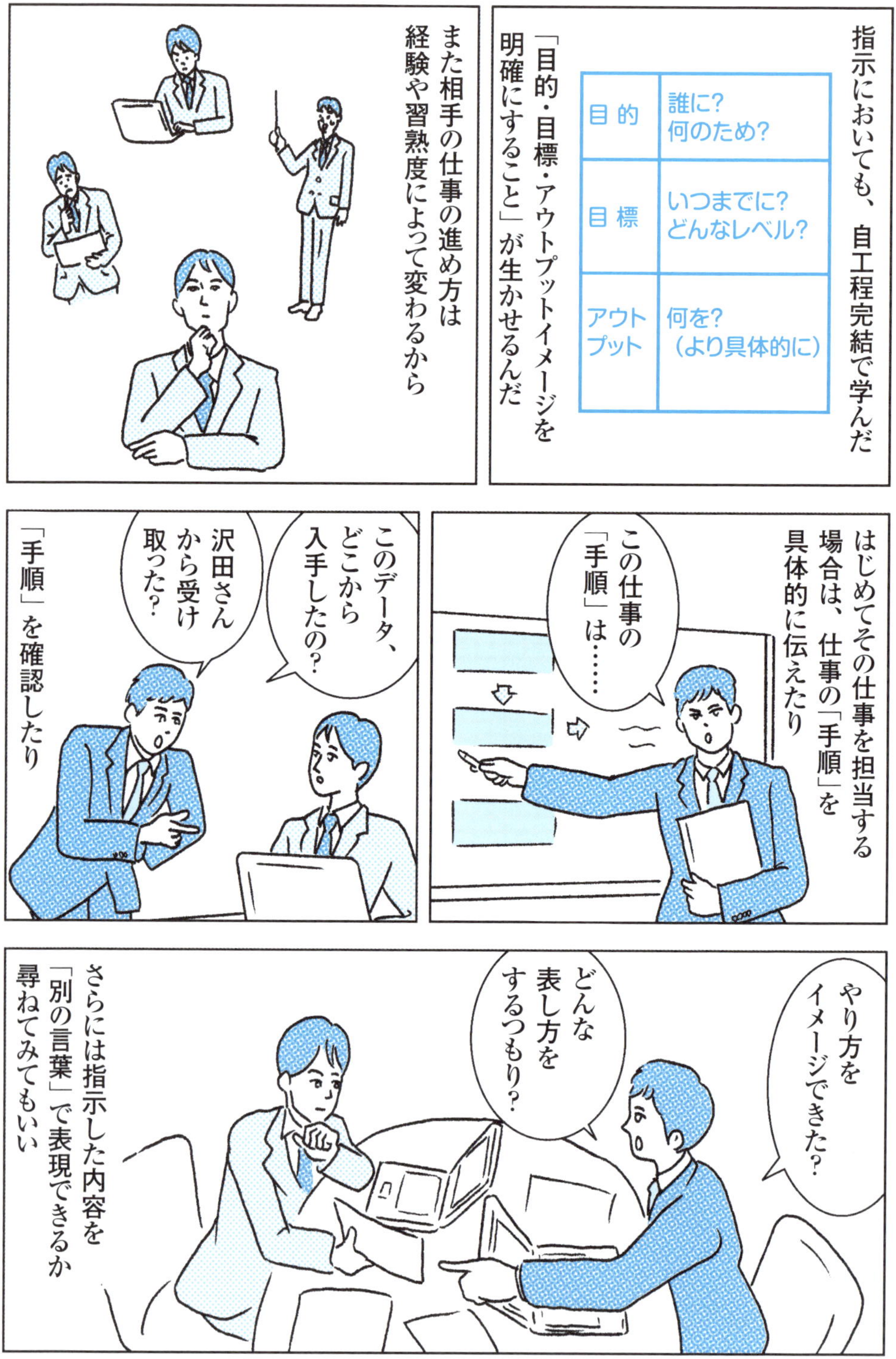
指示においても、自工程完結で学んだ
目的 誰に? 何のため?
目標 いつまでに? どんなレベル?
アウトプット 何を? (より具体的に)
「目的・目標・アウトプットイメージを明確にすること」が生かせるんだ
また相手の仕事の進め方は経験や習熟度によって変わるから
はじめてその仕事を担当する場合は、仕事の「手順」を具体的に伝えたり
この仕事の「手順」は……
このデータ、どこから入手したの?
沢田さんから受け取った?
「手順」を確認したり
やり方をイメージできた?
どんな表し方をするつもり?
さらには指示した内容を「別の言葉」で表現できるか尋ねてみてもいい

このグラフを使って、データだけ差し替えればいいですね！
今年1月から先月までの計画と実績を入れてグラフを作成します！
などの返事があれば、指示がちゃんと伝わったか確認できる
すみません、お弁当が足りなくて……
！
また、うまく指示できなかったときは
「判断基準」と「必要なもの」が確認できていなかったことが多い
販促会議の場合
判断基準
・会議室で食事
・一人2千円以内
必要なもの
・参加人数の情報
・準備するもの（弁当・飲み物など）
・弁当屋の情報
・弁当屋の入門申請
関係者とモレ・ヌケ・ダブりなどがないかを一緒に考えて話し合ったうえで
とんかつ弁当一つと……
仕事をしてもらえば「指示の失敗」は防げる！
はいよ

ただ指示や伝達の仕方は相手の「習熟度」に応じて変えるべきだ
高山しおり(28)
習熟度の低い相手には細かな指示やサポート役が必要だが
彼女は、習熟度が高いから……
目的と目標だけ伝えて、他は任せればいいだろう
この二つを踏まえて指示することが大切!
・経験値
・習熟度
・職位
・性格
育成重視か
成果重視か
豊川さん、ここをさらに教えてほしいんですが……
聞きやすい雰囲気も大切で指示を受けた相手がどんどん聞いて来るようになれば完璧だ!

NOTE

次は、「ムダな仕事をやめる、へらす、かえる」です

# Case 2

# ムダな仕事をやめる、へらす、かえることができる

## 放置すると、仕事はどんどん増えていく

多くの職場では、仕事はどんどん増える一方、減らされてスリム化されることはほとんどない、という現実があります。そのために、増える仕事で疲弊が進んでいます。忙しすぎて、やりたいことができない、という声もよく聞こえてきます。

しかし、トヨタの仕事術では、難しくなく簡単に、ムダな仕事をやめたり、へらしたり、かえたりすることができます。いわゆる、業務改廃が進むということです。

実際、今やっている仕事は本当にやらなければいけない仕事なのかどうか、多くの職場が悩んでいます。将来の成長に向けた新たな施策など「やれていない仕事」、本当はやらなければいけない

図表2 不要な業務とは？

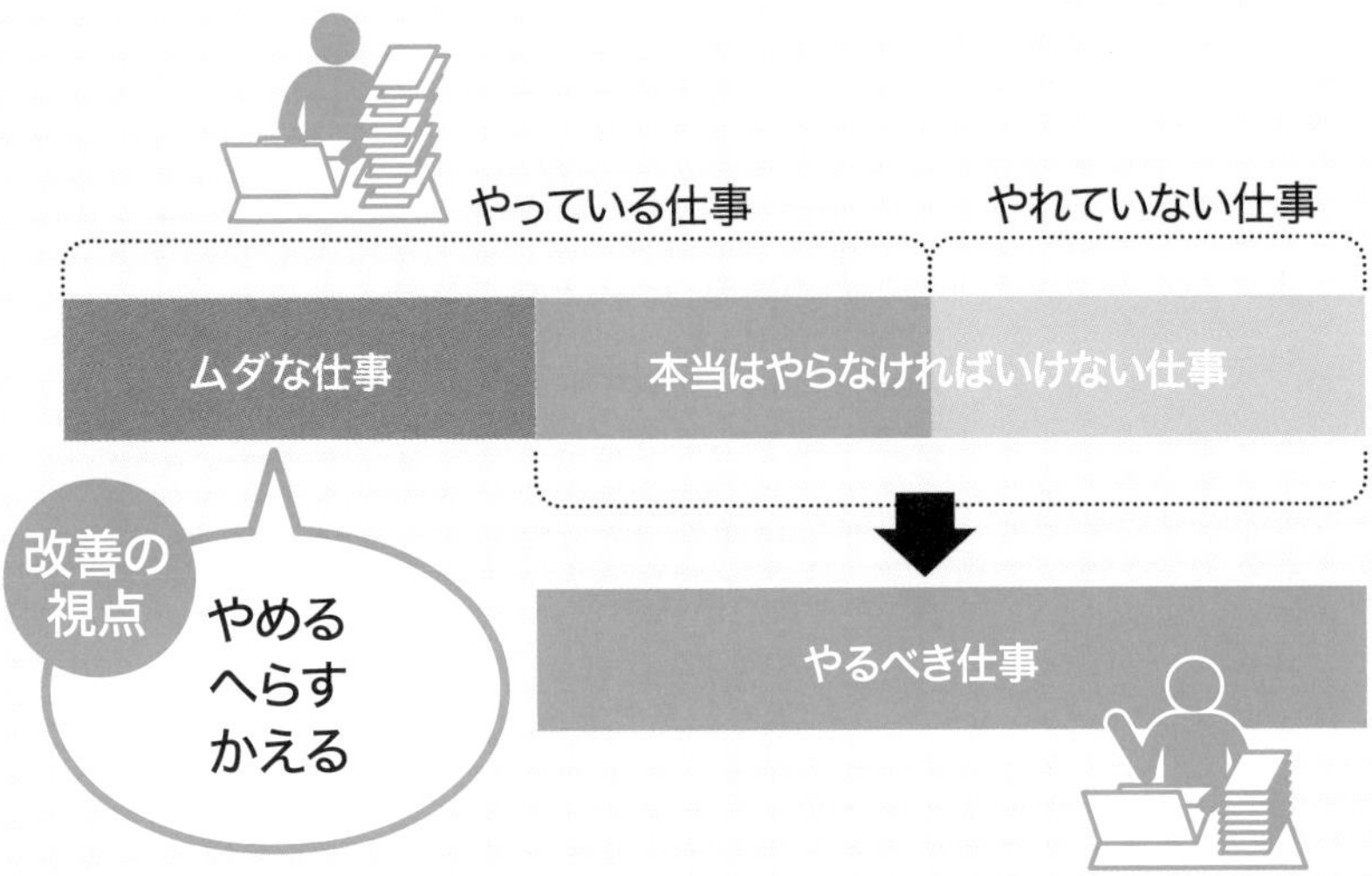


仕事ができていないのではないか、という不安がある。

業務改廃の目的は、本来やるべき、必要な仕事をやること。そのために、ムダな仕事をやめることです。

まずやるべきは、自工程完結の考え方に基づいて、仕事の目的・目標、アウトプットを確認することです。

例えば、目的が組織に合っていない仕事はないか。目的がわからないまま、引き継ぎが実施されている仕事があるのではないか。

他部署と重複がある仕事はないか。部の庶務や各室庶務の両方で実施している仕事はないか。アウトプットが活用されていない仕事はないか。ほとんど誰も見ていない週報を作る必要があるかどうか。なくなるとすごく困るものなのかどうか。これだけでも、仕事の洗い出しができていきます。

こうして「やめられないか」「へらせないか」「かえられないか」を考えてみるのです。

さて、豊川クンは仕事をへらすことができるのか、見てみましょう←

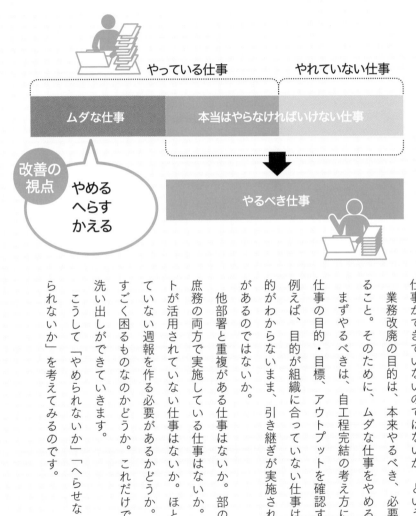

自工程完結
仕事の「ムダ・ムリ・ムラ」を、なくすのにも……自工程完結の考え方が役立つ！
ここでも大事になのが、仕事の「目的」「目標」「アウトプット」
・目的
・目標
・アウトプット
まずは、その仕事の「目的」が組織のミッション（使命・役割）に合わない場合
目的
×
組織のミッション
マネージャーは　思い切って「やめる」判断をしないといけない
仕事A
当然、後工程に確認する必要がある
また、ほとんど誰も見ていない週報があるとしたら
「アウトプットが活用されていない」仕事も「やめる」べきだ

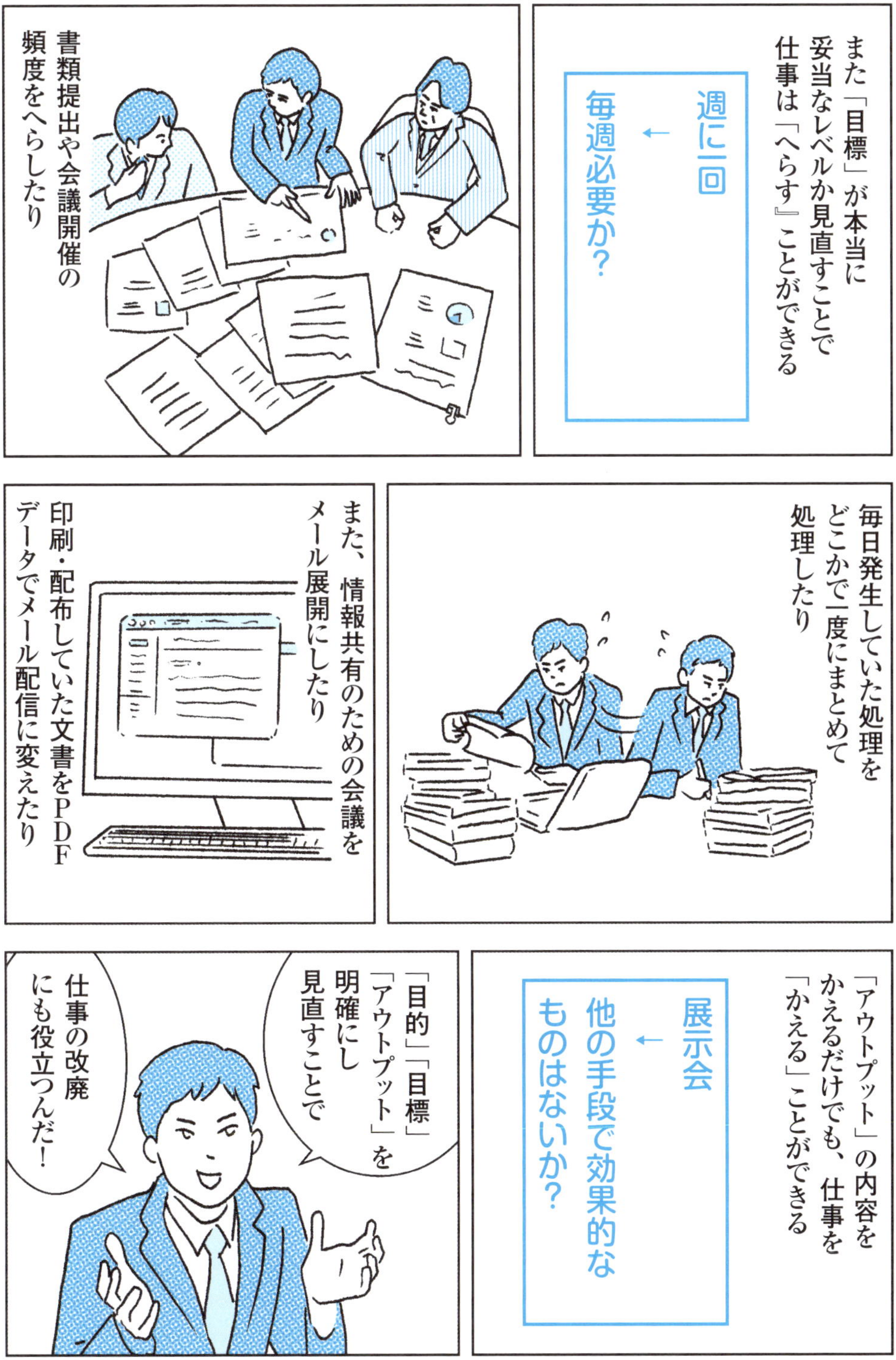
また「目標」が本当に妥当なレベルか見直すことで仕事は『へらす』ことができる
週に一回
←
毎週必要か?
書類提出や会議開催の頻度をへらしたり
毎日発生していた処理をどこかで一度にまとめて処理したり
また、情報共有のための会議をメール展開にしたり
印刷・配布していた文書をPDFデータでメール配信に変えたり
「アウトプット」の内容をかえるだけでも、仕事を「かえる」ことができる
展示会
←
他の手段で効果的なものはないか?
「目的」「目標」「アウトプット」を明確にし見直すことで
仕事の改廃にも役立つんだ!

図表3 「やめる」「へらす」「かえる」の具体例

| | |
|---|---|
| やめられないか? | 目的が組織に合わない |
| | ・自部署の役割と関係ない業務をやめる(本来の部署へ移管) |
| | ・目的がわからないまま引き継いで続けている業務をやめる |
| | 重複がある |
| | ・部と各室の両方で実施している勤務管理をやめる |
| | アウトプットが活用されていない |
| | ・ほとんど誰も見ていない資料の作成をやめる |
| へらせないか? | 回数・頻度をへらす |
| | ・説明をわかりやすくして、社内調査の問い合わせ回数、提出書類の督促回数をへらす |
| | ・議題の少ない定例ミーティングの開催頻度をへらす |
| | ・不定期で発生する業務を都度処理するのではなく、月に一度まとめて処理する |
| | 内容をへらす |
| | ・記入しても活用していない帳票項目をへらす |
| かえられないか? | アウトプットをかえる |
| | ・情報共有会議をメール展開にかえる |
| | ・印刷して配布している冊子をPDFでメール展開する |
| | プロセス(仕事の手順・やり方)をかえる |
| | ・やり直し・手戻りがよく発生するプロセスをかえる |
| | ・何も付加価値を与えていないプロセスをかえる(転記、保管、転送等) |
| | 人をかえる |
| | ・データ処理の部分を得意な担当者に任せる |
| | ・派遣社員に任せる/外部委託にする |

NOTE

次は、「同じ失敗を二度と繰り返さない」です

Case 3

# 同じ失敗を二度と繰り返さない

## 気をつけるだけでは、再発防止にならない

例えば、遅刻をしてしまった。同じ失敗を二度と起こさないための対応としては、「十分気をつける」「余裕を持った行動ができるよう早起きを徹底する」が挙げられます。しかし、本当にこれで二度と繰り返されないのか、考える必要があります。

そこで活用するのが、自工程完結の考え方です。会社に遅刻するまでの手順を振り返り、どこに問題があったのかを特定するのです。すると、出勤途中で従業員証を忘れたことに気づき、家に戻ったということが判明します。同じ失敗を繰り返さないためには、「朝、従業員証を確認する」ことが重要になりますが、これで本当に二度と繰り返されないのか。

### 図表4 | 同じ失敗を二度と繰り返さない対策例（従業員証忘れの場合）

| | |
|---|---|
| 精神論 | 従業員証を忘れないよう注意する |
| 問題の裏返し | 出勤時に従業員証を確認しなかったので今後は確認する |
| 再発防止 | 従業員証を含め必要な持ち物の置き場所を固定し、帰宅と同時に置くよう習慣づける |

ここまでできれば同じような失敗を再発防止できる

そこで、従業員証をなぜ忘れてしまったのか、手順をさらに細分化して、原因工程と問題を特定します。

そうすると、前日、いつもと違う服で出社したが、家に戻って着替えたとき、従業員証をジャケットの内ポケットから出さなかったことが原因だとわかりました。

そして、毎日のことであり、これまで忘れたことがなかったので、翌朝、持ち物確認をしなかったことがわかりました。

どうすれば失敗しなかったのか、の視点で真因を洗い出すと「出勤に必要なモノの置き場所がはっきり決まっていなかった」ということが見えてきます。そこで対応として、携帯、財布、免許証などと従業員証を一緒に置く場所を固定し、帰宅と同時に必ず置くというルールにする、という対応策が出てきます。

精神論でもなく、問題の裏返しでもなく、真因に基づき、習慣化することで、同じ失敗を繰り返さない対応ができるようになるのです。

豊川クンは後輩の遅刻問題をどう再発防止できるのか、見てみましょう ←

自工程完結は「再発防止」にも役立つんだ
例えば、豊川の後輩が……
ある朝、遅刻をしたとする
このようなことが二度とないように、十分気をつけます!
早起きを徹底します!
と宣言されたからと言って
安心できるか……? 二度と遅刻しないと思うか?
に、「二度としない」とまでは思えませんね
その心構えは大事だと思いますが……
「十分気をつける」ために何をしたらいいのか
十分気をつける
徹底する
「徹底する」とはどうするのか
それらが具体的にはっきりしないと、「再発防止」にはならない
同じ失敗を二度と起こさないためには……

遅刻にいたる手順《プロセス》全体を振り返り
退社
帰宅
準備
出社
いつものことなので確認しなかった
途中で従業員証忘れに気づき、家に戻った
どの手順に問題があったかを特定する必要がある
「振り返り」……トヨタの仕事術でもポイントの一つですね
振り返ってみるとこの二つが、「同じ失敗を二度と起こさない」ための対応として出てくるが
①出勤前に従業員証を確認する
②忘れたことに気づいても家に戻らない
これらを常に意識しているだけで、万全だろうか？
うーん……「万全か」と言われると、困っちゃいますねェ
漠然と「確認する」だと、まだ意識しづらいですし……
急いで家を出るときには忘れてそうですし

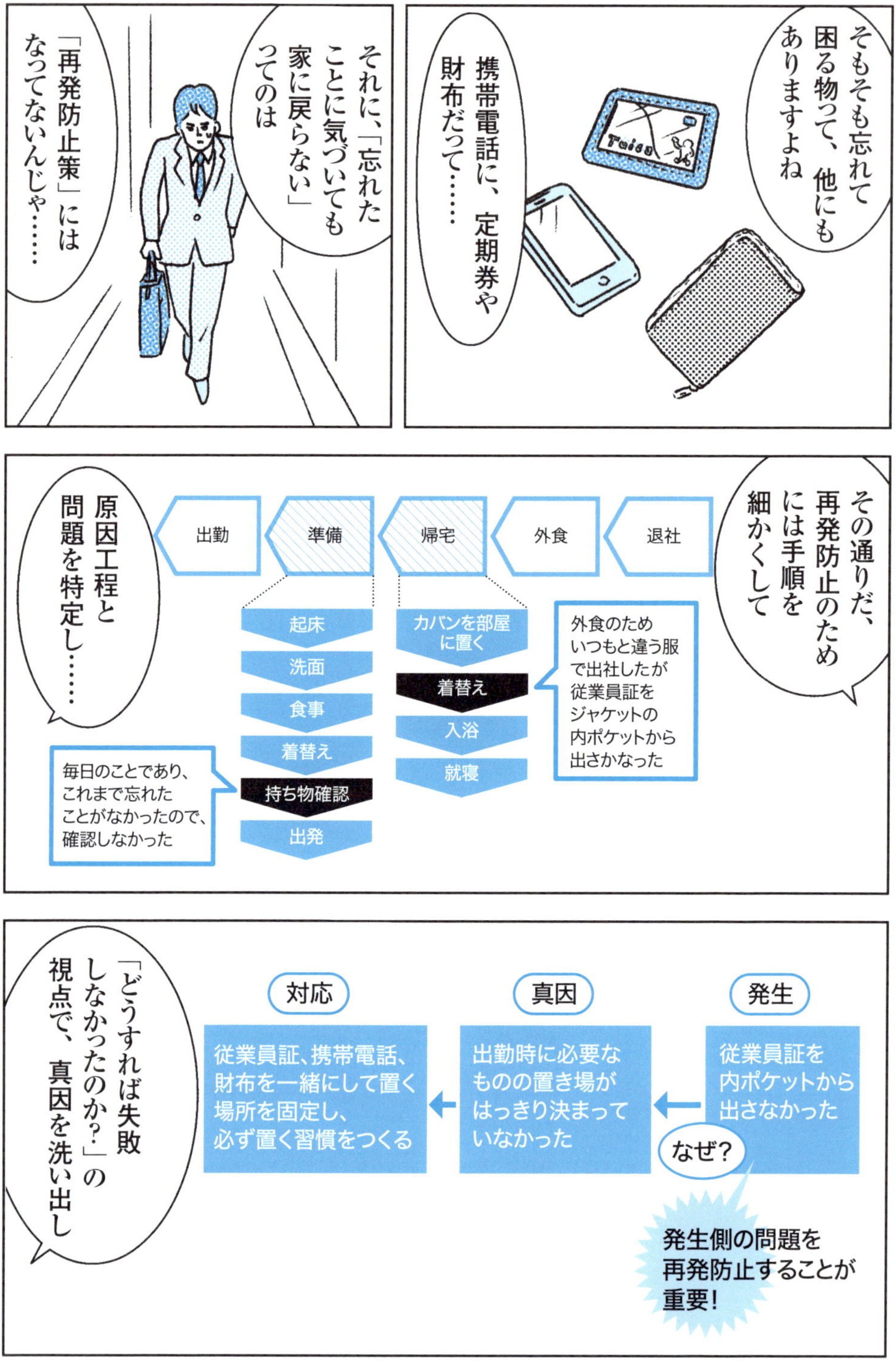
そもそも忘れて困る物って、他にもありますよね
携帯電話に、定期券や財布だって……
それに、「忘れたことに気づいても家に戻らない」ってのは
「再発防止策」にはなってないんじゃ……
その通りだ、再発防止のためには手順を細かくして
退社
外食
帰宅
準備
出勤
カバンを部屋に置く
着替え
入浴
就寝
外食のためいつもと違う服で出社したが従業員証をジャケットの内ポケットから出さかなった
起床
洗面
食事
着替え
持ち物確認
出発
毎日のことであり、これまで忘れたことがなかったので、確認しなかった
原因工程と問題を特定し……
発生
従業員証を内ポケットから出さなかった
なぜ?
真因
出勤時に必要なものの置き場がはっきり決まっていなかった
対応
従業員証、携帯電話、財布を一緒にして置く場所を固定し、必ず置く習慣をつくる
発生側の問題を再発防止することが重要!
「どうすれば失敗しなかったのか?」の視点で、真因を洗い出し

確実性や継続性のある「対応」をするべきだ……
従業員証、携帯電話（スマートフォン）、財布などを一緒に置く場所を固定し、帰宅と同時に必ず置くルール（習慣）にする
それこそが、「振り返り」を活用した「再発防止策」なんだ
今度は、大事な書類を忘れた！
でも失敗には「同じ失敗」だけでなく、「同じような失敗」もある
帰って来たら、仕事の書類は……必ずココに置く！
「同じ失敗をしない対応」は「同じような失敗をしない対応」にも活用できるはずだ
失敗した経験をしっかり振り返って、最大限活用することが
失敗
「再発防止」だけでなく……
同じような失敗の未然防止にもつなげられるんだ！

Part 3

# トヨタの仕事術（自工程完結）のメリット

自工程完結は、ダンドリを重視した質の高い仕事をするための考え方です。一連の取り組みを進めることで、個人個人の仕事は大きく変わっていきます。一方で、組織においても、大きなメリットをもたらすことになります。

メリット1　部分最適がなくなる
メリット2　上司が進捗確認できるタイミングを作れる
メリット3　上下左右のコミュニケーションが深まる
メリット4　各部署の固有の強みを最大限に活かせる
メリット5　部門内の情報共有が進む
メリット6　会議が減る
メリット7　理不尽なところが見える
メリット8　失敗が減り、妥協がなくなる
メリット9　生産性が上がる
メリット10　モチベーションが上がる

# 自工程完結がもたらす10のメリット

メリット1

## 部分最適がなくなる

組織はどうしても内向き志向になるものです。いつしか、自分たちの部門の利益のためのアクションが増えていくようになる。しかし、それは仕事の本質ではありません。

まずは「目的・目標」をしっかり理解することで、自分たちは何のために仕事をするのか、この部門は何のためにあるのか、ということが理解できるようになります。部門のために仕事があるわけではない、他部署との協力あっての自分たちの部門だ、ということに気づけます。

結果として、部分最適のような動きが大きく減ります。結果が出てこないことに対して、他の部門に責任をなすりつけたり、いがみあったりするようなこともなくなっていきます。自分たちさえ良ければいい、という発想はなくなっていきます。

全体として同じ「目的・目標」に向かっているのだということが見えてくるからです。

メリット 2

# 上司が進捗確認できるタイミングを作れる

上司にとっての大きなストレスは、部下にお願いしていた仕事が思うように上がってこないこと。しかし、自工程完結の考え方で仕事を進めていくと、これを大きく減らすことができます。「言わなかった」「聞かなかった」という行き違いも防ぐことができます。上司はイメージ通りのものが上がってくるし、部下は上司が求めている仕事をすることができます。

そしてもう一つ、上司が部下の仕事を進捗確認するとき、これまでご紹介した八つのポイントを使うことができます。流れごとに進捗確認をしてもいいし、この部下ならどこまで任せられるのか、個々の能力によって、どこで進捗確認するか、変えることもできる。

「判断基準」だけ確認する部下がいてもいいし、「手順」から確認し、ずっと相談しながら進めたほうがいい部下もいてもいい。

進捗確認のタイミングがあれば、安心して部下に仕事を委ねられます。

メリット 3

## 上下左右のコミュニケーションが深まる

自工程完結で仕事を進めていくときには、コミュニケーションが深まります。上司は部下に仕事をお願いするとき、「目的・目標」を語るようになります。

「最終的なアウトプットイメージ」をしっかり伝えるようになり、「手順」「判断基準」「必要なもの」について話し合うようになります。十分な情報交換ができ、「聞いていなかった」というセリフも出てきにくくなります。

これは部門間でも同じです。「手順」を作っていくことでコミュニケーションの機会が増えます。仕事の前後工程の部門に問い合わせたりすることで、コミュニケーションが生まれたり、顔見知りが増えていきます。部門の壁を低くし、風通しをよくします。

また、仕事を進める過程で、別の部署と同じ情報や「判断基準」を持たなければいけない仕事もあります。つまり、コミュニケーションの際の共通言語が増えていくのです。

メリット 4

# 各部署の固有の強みを最大限に活かせる

それぞれの部署には、そこだけが持っている固有技術ともいえる独特の強みがあるものです。ところが、その固有の強みは本当に、適正に活かされているわけではありません。

例えば、ある製品市場に関する知識がずば抜けて豊富な人材がいるのに、出てきたアウトプットとしての売上げ向上のプランは焦点が定まらず今一つ、というケースはよくあります。

問題は、「手順」にあるのです。固有の強みが活かせるような手順になっていない。自工程完結を使うと、これが変わります。

しっかりと仕事の「手順」を洗い出していけば、固有の強みを適正に活かせていないことに気づくことができます。

そうすれば、「手順」をゼロベースで見直して、新たに組み直せばいい。そこで固有の強みを生かす方法が見つけられる。結果として、固有の強みを最大限に活かせる組織になります。

メリット
5

# 部門内の情報共有が進む

多くの職場で、仕事を属人的にしてしまっています。この人がやればうまくいく、という仕事がたくさんある。しかし、新しい人が来ると手間暇ばかりかかって、どうにもならない状況に陥ります。

それこそ、仕事は背中を見て覚えろ、といったことになってしまいかねない。昔はのんびりした時代でしたから、それでも良かったのかもしれませんが、今はそんな悠長なことは言っていられません。

生産性を上げるという意味から言えば困るということです。異動や退職、長期のお休みなどのときにどうするか。また、属人的になっていたら、仕事の改善が進みません。

自工程完結なら、文書でマニュアルに落とし込み、結果の「振り返り」をしてアップデートしていきます。こうすることで、誰にでもできるようになる。知見が集まり、仕事のレベルも上がる。新しく入った人もマニュアルから学べ、生産性も上がるのです。

メリット 6

# 会議が減る

ホワイトカラーでは、最も生産性を下げているのは、もしかすると会議かもしれません。会議という名前をつければ、仕事をやっているような気になりますが、本当にこれは必要なのかと思える会議が、たくさんある、と感じている人は少なくありません。

そうした会議は、自工程完結の考え方を用いることでなくなります。なぜなら、部門内でも部門間でも、日常的に情報共有が進むからです。最低限で済むようになります。「手順」が部門間で共有されていれば、調整会議など必要ありません。ましてや対策会議など、問題が起きる前からやるのは、おかしい。

何かのプロジェクトを部門横断で行う際には、スケジュールと「判断基準」「必要なもの」さえしっかり共有されていれば、何度も定期的に会議などする必要はありません。

会議は出席者の生産性を下げるだけでなく、資料を作ったり、議事録を書いたり、周辺業務としても多くの仕事を発生させます。会議が減れば、残業も減ります。

メリット 7

## 理不尽なところが見える

自工程完結は、自分の仕事のやり方や、組織の仕事のやり方をゼロベースで見直すことでもあります。お客さまのために、という前提で「目的・目標」を設定し直し、「最終的なアウトプットイメージ」をしっかりと持ち、「手順」を洗い出し、正しい結果を導くための「判断基準」や「必要なもの」を定めていく。

この一連の流れを通していくと、気づくことがたくさんあります。「どうしてこれがこうなのか」ということを、改めて追求してみると、実は何のやるべき理由もなかった、というケースも少なくない。

ただ昔から続いていたから、という理由だけで、やらなければいけないとされていた大変な仕事もあったりします。自工程完結では、理不尽なところがすべて見えてくるのです。

そして、その部分を改善することができるのです。

メリット 8

# 失敗が減り、妥協がなくなる

自工程完結の最もわかりやすい大きな効果は、失敗が減ることです。ミスが減り、作り直しや、やり直しが減る。自工程完結によって、コミュニケーション・ミスが大きく減るからです。正しい情報や「判断基準」のもとで意思決定ができ、仕事が進められるからです。

失敗が減れば、仕事に向かう姿勢が前向きになります。誰も悪いものを作ったり、評価されないものを出そうとは思っていません。ところが、結果的にそういうものができたり、評価されなかったりして、嫌な思いをしている。

こうしたネガティブなことが減っていくと、ポジティブなほうに意識と力が向くようになります。

自工程完結の考え方で仕事をすることで成功体験を持つと、それを広げたくなります。結果として、妥協しない仕事が追求されるようになっていきます。

メリット 9
# 生産性が上がる

自工程完結は生産性を上げます。「手順」を洗い出すことで、実は必要のないプロセスに時間をかけていたことがわかり、工程数を減らしたりすることができるケースも少なくありません。

仕事をトータルに見ていくことで、全体で生産性向上を図ることができます。「目的・目標」に立ち返ることで、実はそれほど必要ない仕事だったことがわかり、業務そのものをなくしていくケースもあります。また、自分たちの部門のみならず、関連する部署や取引先ともコミュニケーションを取り、業務をなくすなど、効率化したケースもあります。

個々の仕事の生産性もアップします。自工程完結の考え方を用いることで、上司とのコミュニケーション・ギャップが減り、やり直しが大きく減るからです。

メリット 10

# モチベーションが上がる

自工程完結の考え方で仕事を進めた結果、モチベーションが上がります。一生懸命、がんばっているのに、正しい結果が出ない。これが、モチベーションを阻害している最大の要因です。

自工程完結の考え方を用いるとはつまり、正しい結果が出るための、正しい仕事のやり方が理解できる、ということです。

一生懸命にこの通りにやれば、結果が出る。これだけのことをやれば絶対に大丈夫だと、みんなが自信を持って仕事を進められるようになる。

少なくともこれをやれば、自分の責任は一〇〇パーセント果たせる、というものがわかるのです。だから、がんばりがいがある。よし、がんばろう、というモチベーションにつながっていくのです。

そして何より、「目的・目標」をしっかり理解することで、自分の仕事が単なる作業ではなく、お客さまにつながった大事な仕事なのだ、と理解することができます。

# おわりに

日本の製造業が世界を席巻した一九八〇年代から、日本をめぐる環境は大きく変わりました。マーケットの価値観は変化し、多くの国が技術力をつけました。そんななか、日本の産業力の地盤沈下は進み、危機が叫ばれて久しいものがあります。

その復活のキーワードの一つに間違いなく掲げることができるのが、ホワイトカラーの生産性向上です。

私は一九七〇年にトヨタ自動車に技術者として入社しました。以降、長く品質管理畑を歩み、品質とは何かをずっと考えていました。そこで気づいたのは、「仕組み」の重要性でした。工場で仕組みを変える取り組みを進めると、高い品質を実現する成功事例がたくさん出てきました。この仕組みこそが、「自工程完結」でした。

そして、生産現場での成果をスタッフ部門にも広められないか、ということで、二〇〇七年一月からホワイトカラーにも広めるべく、「自工程完結」はトヨタの会社方針となりました。トヨタの「仕事の進め方改革」が本格的に始まったのです。

ホワイトカラーの仕事の生産性向上が日本企業の、もっといえば日本経済の復活のカギを握っている。こんなふうに言われると、ホワイトカラーの皆さんには不満があるかもしれません。みんな一生懸命にやっているのです。どうして、そんなことを言われなければいけないのか、と。

たしかに日本企業のいわゆるホワイトカラーが、企業戦士として長時間労働も嫌がらず大きな成果を出した時代もありました。根回しを周到にし、全員参加で議論を尽くし、より正しい方策に全員一致で取り組んで成果を上げられた時代だったからです。素早い意思決定の力、手戻りのない効率的業務執行能力が、経営環境の変化の激しい今日ではより重要となり、従来型の日本的ホワイトカラーの仕事の進め方は経営リスクとなっています。全員参加・価値観の共有化等日本の企業風土の良さを活かしながらも迅速に業務が進められる「働き方改革」が必要だと考えます。

その意味でホワイトカラーの仕事の進め方を非難したり、ダメと決めつけるつもりはまったくなく、今まで培われた企業競争力のポテンシャルを一〇〇パーセント発揮できる仕事の仕組みの変革へのチャレンジを提案したものです。

そしてもう一つ、「仕事の進め方改革」といっても、すべてをリセットして、ゼロからやり直さなければいけない、などと言っているわけでは決してない、ということです。

今、イノベーションという言葉があちこちで当たり前のように使われるようになりました。画期的な取り組みをすることで、これまでとは違う大きな結果が生まれる。だから、イノベーションに取り組もう、と。

しかし、実はイノベーションというのは、ある日、突然、ひらめきで生まれたりするものではない、と私は考えています。突然、何かによって状況が激変したりするものでもない。

小さな改善を毎日、毎日、少しずつ続けていくことで、一年後には大きなイノベーションになっている。そういう事例はたくさんあります。事実、トヨタの現場はそれをやってきたのです。トヨタは小さな改善を積み重ねることで、結果的にイノベーションを生み出してきたのです。

これは、ホワイトカラーの仕事においても同じです。「仕事の進め方改革」といっても、仕事のやり方をゼロから組み直すようなことが求められているわけではありません。そんなことになっては、取り組みの難易度は大きく高まりますし、これでは無理だ、とギブアップしてしまうようなことも起こり得るでしょう。

そうではなくて、トヨタの現場がそうだったように、一生懸命やっているのにおかしいな、結果が出ないな、というときに、小さな改善を繰り返し、繰り返し、進めていってほしいのです。

そうすることによって、あるとき気づくと、理屈に合った仕事のやり方ができている。一年前とはまるで違うことができるようになっているのです。

特別なことをする必要はありません。まずは理不尽なところ、無駄なところを洗い出すところから始めることです。そして、それを少しずつ修正していく。

今やっていることの、すべてが否定されているわけではまったくないのです。むしろ、いいところはそのままに、小さな改善を意識していくことです。それを繰り返しているうちに、必ず正しい仕事のやり方にたどり着きます。

実は小さな改善にこそ、重要なキーポイントが隠されていると私は考えます。大きなイノベーションや改革に目が向かってしまいがちですが、今こそ小さな改善に目を向ける。それを繰り返す。そうすることで結果的に、大きな成果は生み出されていくのです。

本書で紹介したのは、そんな小さな改善のヒントです。すべてを一度にやる必要もありません。これはやったほうがいいな、すぐにできるな、と思える小さなところから、少しずつ改善を積み重ねていってもらえたら、と思います。

それがやがて、仕事を大きく変えていくと私たちは考えています。

日本の「働き方改革」に、本書が少しでもお役に立てれば幸いです。

佐々木眞一

［編者］
**トヨタ自動車株式会社　業務品質改善部**
業務品質改善部は、グローバルトヨタの一人ひとりが、お客様第一・品質第一の立場に立ち、自らが仕事を改善できる、そのためのしくみづくり・人づくりによってもっといいクルマ、もっといいサービスに貢献することを役割としている。

［監修者］
**佐々木眞一**（ささき・しんいち）
トヨタ自動車株式会社　顧問・技監
1970年３月　北海道大学工学部機械工学科 卒業
1970年４月　トヨタ自動車工業株式会社（現トヨタ自動車）入社
1990年４月　トヨタ モーター マニュファクチャリング ＵＫ 株式会社 品質管理部長
1995年１月　トヨタ自動車株式会社 堤工場 品質管理部部長
2001年６月　取締役就任
2003年６月　常務役員就任
2004年６月　トヨタモーターエンジニアリング・マニュファクチャリングヨーロッパ株式会社取締役社長
2005年６月　専務取締役就任
2005年10月　トヨタモーターヨーロッパ株式会社 取締役社長
2009年６月　取締役副社長就任
2013年６月　相談役・技監就任
2015年11月　著書『現場からオフィスまで、全社で展開する トヨタの自工程完結』上梓
2016年７月　顧問・技監就任



## トヨタ公式　ダンドリの教科書

2016年11月25日　第１刷発行
2025年１月27日　第10刷発行

編　者――――トヨタ自動車株式会社　業務品質改善部
監修者――――佐々木眞一
発行所――――ダイヤモンド社
〒150-8409　東京都渋谷区神宮前6-12-17
https://www.diamond.co.jp/
電話／03·5778·7233（編集）　03·5778·7240（販売）
文――――――上阪徹
作画―――――田渕正敏
原作―――――青木健生
装丁・本文デザイン―デザインワークショップジン
本文DTP ―――インタラクティブ
製作進行――――ダイヤモンド・グラフィック社
印刷―――――勇進印刷（本文）・新藤慶昌堂（カバー）
製本―――――ブックアート
編集担当――――木山政行


ISBN 978-4-478-10074-5